地方創生

觀光、特產、地方品牌的
二十八則生存智慧——

木下齊・著

前言

以二〇一四年的「地方消滅論[1]」為發端，日本的地方創生政策成立，制定了地方創生綜合戰略，二〇一五年起在全國各地展開。

對於從事地方工作長達十八年的我而言，很高興地方受到了矚目，但許多地方創生的導入方式，卻令人十分憂心。

實際上，二〇一六年六月NHK調查了內閣府[2]所介紹的七十五項先進事業，結果達成目標的只有其中二十八項，清楚顯示只占了整體不到四成。儘管說只是第一年度，但就連由地方政府計畫——接受國家預算、被國家定位為先進事業並向全國介紹——的事業，都出現了這種情況。

地方政策確實不是一～二年就能讓地方整體再生的事業，然而就連自己訂定的年度目標都無法達成的話，更無法期待他們在將來能做出成果了。

---

1 日本前總務大臣增田寬也在日本創生會議中所提出的推論，認為由於人口減少，日本在二〇四〇年前將有八九六個鄉鎮市會消失。

2 相當於台灣的行政院。

由地方政府制定計畫並設定目標、由國家加以認定並給予預算，再以ＰＤＣＡ（Plan-Do-Check-Act）循環運作，地方政策以「中心街道活化政策」為開端在各領域執行，然而，用已得到失敗結果的方法持續前進，想必也無法誕生巨大的成果。（參考資料：http://www.nhk.or.jp/ohayou/digest/2016/06/0616.html）

地方創生應定位為「事業」

十八年前，我在高一時，參與了早稻田商店會的地區活化事業。商店會很窮，每年的預算不到一百萬日幣，連法人都算不上，也沒有秘書。但是，這樣的弱小團體當時推進了「環境鄉鎮重建」，獲得了廣大的矚目。

活動成功的關鍵大致可分為三點。

第一個關鍵，「經濟團體」參與「環境」主題的地方活化活動。

商店街原是聚集商人後組成的組織，對自己的利益極為保護。因此，秉持的精神從來都是「環境關我們什麼事」，甚至還有人說出「製造出多少垃圾，就表示他賺了多少錢，垃圾是商人的動章」這樣的話。一九九〇年代後期，是由地方政府來回收資源垃圾還不普及的時代，然而，在那樣的時代中，商店街自行招攬了環保機器廠商，空罐、寶特瓶回收機上附上折價券，廚餘處理機上附加燃料里程數功能等，連結了行銷商店街與環保活動。再加上早稻田這層地緣關係，連大學也成為夥伴，成為現在所說的產官學（產業、官方、學術界共同合作）的活動。另外再活用網路，發展成中央政府、大型、中小企業，大學等全國一五〇個以上重要人物參與的合作體系。

第二個關鍵，這項地區活化事業靠自己賺錢，不靠補助金。

早稻田商店會秉持著「沒錢有智慧」的想法，雖然沒有預算，但相對的，藉由與各式各樣企業的合作，在活動中獲取攤位費用、以視察參觀收費等方式，來推動「能獲利的地方活化事業」。剛才提到的空罐、寶特瓶回收機也是，先以折價券來吸引客人讓各店鋪賺錢，然後用每個月各家店鋪繳納的促販費來營運。換言之，這裡的地方活化事業並不是以往依靠補助金的組織。

第三個關鍵，用和以往相反的「民間主導、行政參加」的結構進行。

這些活動都是由「民間」提起，之後再邀請行政機關參加。一開始是因應大學城特有的商店街「夏枯」（指一到暑假，學生消失、街道沒有生氣的狀況）而開始的策畫。

但如果商店街不能賺錢，單純的招客活動並沒有意義，因此決定以當時因「商業型垃圾回收收費化」成為熱門話題的「環保」為破口。由民間發起這樣具高度社會性的主題活動，同時對商店街活化課題也有正面效果，之後政府再參與進來，這樣的活動構成引起了關注。

我在人生首次參與的地方活化事業中經歷了此次活動，之後在高三那年，被委任為全國商店街共同出資的公司的社長。然而，我經歷了重大的失敗。我深刻地體會到經營事業是極為殘酷的，而重建地方，還要不靠稅收財源，以私營企業獲利，更需要高度的經營能力。之後，在研究所畢業後，我再次在熊本市和夥伴們共同成立了熊本城東管理公司，並與全國各地夥伴共同創立了地方創生聯盟（Area Innovation Alliance；AIA），在各地開發私人出資的事業，同時也致力於傳播我在各地所得到的知識和情報。這樣十八年的經驗，讓我強烈意識到「地方創生作為事業體」的重要性。

另一方面，我也有種地方政策總在同一個地方打轉的感覺。每一次的地方創生，有不少都是複製過去政策下的產物。

地方政策的失敗，會重蹈覆轍嗎？

由先行型預算來推動地方創生的代表政策之一，就是「優惠商品券（Premium商品券[3]）」。在日本全國一七四一個市鎮村（當時）當中，事實上有高達99.8%的一七三九個地方政府發行了消費券，總共申請、執行了一五八九億日圓的預算。

那麼，日本各地區，經濟是否大幅好轉了呢？我想大家的真心話應該是「無感」。回過頭來看地區振興券[4]等以往出現過的同樣政策，經濟效果也只停留在總金額的1/4～1/3，仍倍受質疑。儘管如此，至今這種「無效撒錢」的地方活化策略仍深受歡迎。

各地推進地方創生的策略規畫，採用制定策略、接受國家認定、設定關鍵績效指標（Key Performance Indicator；KPI），然後以PDCA循環的方式推動。到二〇一六年六月為止，有二百個城市接受了認定，這是和「中心街道活化政策」

3　日本政府為喚起地方消費所發放的經濟補助金，交由地方自治體發行優惠商品券，提供人民購買（例如購買一萬的商品券可得到一萬一千的商品券面額），依各地規則可使用於旅行、商店街購物等用途。

4　日本政府於一九九九年為了刺激地方消費，針對家中有十五歲以下兒童、六十五歲以上老人的家庭、或弱勢族群等發放，每人金額為兩萬日幣，僅限用於本地。

相同的手法。然而，在這項政策中，並未看到地方都市的中心地區大幅重生的案例。甚至以往被作為模範都市的青森市，在該政策支援下建設了核心設施「AUGA」，由於經營失敗，至今演變成消耗了二百億日圓以上的市稅收、讓市長表態辭職的情況。「用過去出現問題的執行方法換個新名稱，再度實行」，這是地方創生政策上的重大問題。

這不光只是地方政府或中央等行政機關的問題，民間也有利用這樣的政策做買賣的心態。而且，對這樣的政策決定賦予預算的是國會和地方議會，而選出這些人的，不是別人，正是我們自己。

換句話說，地方政策在國家與地方、行政與民間、政治與市民的關係中，透過議會決議、遵循法律，並嚴格執行，但仍然毫無成果。

為了斬斷這種結構性的惡性循環，我們不能假裝沒看到、忘記這些失敗，我們每個人都必須面對過去的失敗。

質疑媒體報導的「地方成功故事」的消費狀況

每當看到關於地方活化的新聞時，我都會感到一股巨大的違和感。其中大多是年輕人在鄉下的奮鬥故事，或是在人口稀少的村裡奮鬥的老人。被報導的總是這種「都市人所期待的『溫馨美好的地方成功故事』」。

但如果光是這些美好的故事就能解決問題的話，地方早就已經再生，誰也都不必這麼辛苦了。

實際上，在地方的新興活動中，會遭遇強硬反對的當地有力人士、嫉妒成功者的居民，甚至還有官員想搭上地方的成功，為了提升自己的政績來推銷模範事業的預算等，有形形色色的欲望捲入其中。

更重要的是，光擷取一瞬間，說那就是「成功」很簡單，但更重要的是能否持續下去。不消說，要創造出數年，甚至數十年的「成功」是極為困難的。換言之，沒有絕對的成功，即使重複著成功與失敗，但不造成決定性失敗，以每日的行動、作業設法創造出向上的局勢，這才是地方活化的真實面貌。

這些作業非常樸實，毫無例外地，無法獲得媒體的報導。

很遺憾，那樣具持續性的樸實行動，在都市居民看來並不覺得特別感動，可有可無，媒體也不加以報導。

此外，媒體關於移居地方的報導方式也相當異常。

實際上移居地方的人只有少數，聚集到首都圈的人占壓倒性的多數。

根據二〇一五年的人口移動報告，東京圈的遷入超出人口為十一萬九三五七人，其規模連續四年擴大。其他遷入超出的地區，包括東京圈的埼玉、千葉、神奈川，愛知，以及大阪等三大都市圈的核心都市，還有福岡與沖繩。

儘管如此，媒體的報導卻是「移居鄉村是當今潮流」，節目都將焦點放在過著被都市人認為是理想鄉村生活的特殊地方移居者身上。

媒體報導一味追求特殊話題性，重點不是放在地方的課題解決，而是偏向「能在都市造成話題」的特殊案例。而地方也為了接受都市媒體的報導，盡以「話題性」活動為優先。結果，地方的問題沒有得到解決，所有人只是為了製造一時的話題而奔走。

這不光發生在地方問題上

自二〇一四年十二月起，我在東洋經濟網站開始了「地方創生的現實」的連載。連載中寫的不是地方的表面性的問題，目的在於整理過去的失敗，同時整理其中的結構問題，尋找解決方案。

這個連載正如名字所述，寫出了為了活化「衰退的地方」時所發生的各種真實事情，包含了大部分人「理所當然知道，卻難以說出口」的問題，但很多時候，越是說不出口的事情，就越是問題所在。

透過這個連載，我還收到了許多這樣的意見，讓我倍感驚訝。

「不光是地方，我們公司也一樣。」

「地方活化領域和市公所之間的關係，就像我們業界團體和政府管轄部門一樣。」

「不只是商業，農業、林業、水產業也一樣。」

也就是說，這提醒了我們地方的結構問題和日本各地出現的問題，二者間存在極多的共通點。

本書所彙整的內容，不光是「地方問題」的統整，希望讀者也能視為是「在日本發生的結構性問題」。

從五個觀點整理結構問題

本書將從以下五個觀點，來整理地方的結構問題（圖表1）。

・事業項目的選擇
・資產的運用
・人的定義
・金流的觀察
・組織的活化

地方活動失敗，原因首先可能在於「事業項目的選擇」。這是一種打從一開始就選錯題材的模式。

例如B級美食，此類活動使用了不是在當地製造的麵粉等原料，雖然能獲取毛利，但若是單價數百至一千日幣的低價菜單，在加工方面所能產生的附加價值就有限。光憑這樣，無法期待能對地區的一次性產業產生影響。不論哪個地方都很難差異化，單價低廉、表面化的烹調處理並無法提供附加價值，也就無法連結地方整體的再生。

此外，「資產的運用方式」也是一項重點。

在地方活動中，建物和空間等硬體設備是不可或缺的，於是地方會用龐大的稅金整備各式基礎設備。然而，若是這些建造方式或運用方式錯誤的話，有時可能會成為毀滅地區的原因。有不少案例是因為建造的物資形成龐大赤字，導致預算無法流向地

圖表 1　本書整體結構

只有以下所有因素都發揮功能，對於地方再生來說必要的行動才算成立。然而，「事業」、「資源」、「組織」三項都出錯，地方再生將永遠無法實現。錯誤的結構無論如何支援，還是不會產出成果。所以重要的不是支援，而是矯正錯誤的結構，將事業、資源、組織轉換為合理結構，對於地方再生是不可或缺的。

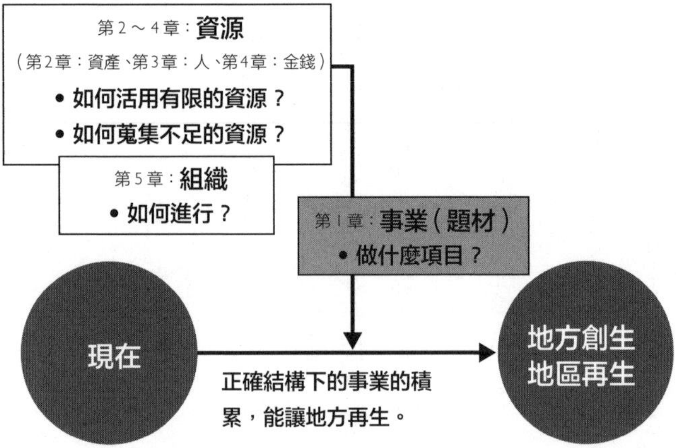

方其他服務。

以公路物產中心為例，乍看之下似乎對地方有幫助，但多數不僅初期投資無法回收，運營也須使用稅金，盡是赤字經營。為了賣一袋一百日幣的馬鈴薯，蓋的水泥公共建築也是過度投資。這些生意無法自行賺取每年數千萬日幣的維修費，幾乎都是不用稅金去填補虧損就會倒閉。這樣的話，不管再怎麼努力，地方並無法獲利。

同時，在許多地區造成問題的還有「人的定義方式」。

無論今昔，受到矚目的人口話題總是人口數、居住人口、以觀光為主的非居住人口等，這些全部被概括為單純的人口的量的問題，容易導出「只要人口回到地方，所有問題都會解決」的結論。

然而，實際上，要讓人口增加，就表示必須製造出能讓這些人口賴以維生的產業，光用促進移居補助金等措施來追求暫時性的人口並無意義。只要地方產業本身存在問題，影響到雇用面發生問題，當地方留不住人，結果就是地區內的需要也隨之減少。因此，根本的想法應該是當地先擁有能逐漸強化的產業，再尋找適合該產業的人才。

關於非居住人口也一樣，就算以暫時性的活動聚集了幾十萬人，沒有觀光消費就沒有意義。比起人數，觀光消費的「單價」更重要。要使一個人平均消費達到多少？必須以單價設定為基礎，來改變從當地餐廳到住宿設施的綜合服務。若不顧及這些，將地區的變化拋諸腦後，在只要聚集人數就好的想法下在活動耗費預算，最後經常發生的結果就是當地什麼都沒留下。

人的定義，有支持當地新一代產業的人才，與要提供服務的顧客這樣的複合意義。混淆兩者，且無視於質量問題，光看「數量」的話，將會鑄成大錯。

關於「金錢流向的觀察方法」，至今在地方政策中仍被錯誤看待。

多數地方政策，貫徹的是「再分配政策」，被視為政治面的、行政面的事物，而輕忽了經濟面的、經營面的視點。舉例來說，有項事業雖然能從國家得到五十億日圓的支援，但地方本身也須負擔五十億日圓，且每年二億日圓的維持費負擔將持續三十年。這樣一來，累計下來地方將產生六十億日圓的虧損，因此引發了地方政府越投入活化事業，財政負擔就越大的情形。

此外，地方事業的評價應該要以「地方政府」及「民間（包含第三部門）」的合併資產負債表來評價。然而，現狀是因為特殊的官方會計導致評價扭曲。再者，無論官方或民間，參與地區政策的多數人，經常連財務報表都看不懂。由於看不到金錢的流向，儘管知道地方政策「沒有成果」，卻無法察覺金錢流向方面的問題。

同時，在「組織的活用方法」上也有問題。

在地區政策中，幾乎沒有採用關於組織行動的理論，仍沿用了前一代「計畫經濟」的手法。制定「計畫」、決定該年度的「預算」，遵循此模式來運作組織。監視事業情況、評價，再要求改善。

然而，這樣的運作方式在讓組織提升動能、朝向「地區再生」這個目標上，並沒有效果。這樣的方式就像操作單純的例行公事，舊時代生產工廠的做法，說得嚴重一點，就像是蘇聯國營工廠的做法。

在這種情況下，組織裡的人比起為了真正能讓地區再生的事業揮汗努力，更容易精打細算地模仿其他地區的策略。目標上，也傾向優先採用一次就能得到事業評價的來客數等。每個人都不爭取安打，擺出只想短打或四壞球保送的姿態。在像這樣以「不失敗」為優先的組織中，站在「讓地方再生」的中長期視角而冒風險，反而變成了「愚蠢的行為」。

本書，將從多重視點來整理以上各種論點。

各位的相關領域裡是否也有「同樣的構造問題」呢？讀者在閱讀時若能抱著這樣的心情加以檢視，將是對本書最大的支持。

二〇一六年九月

木下　齊

目錄

第5章

組織的活用
將「個體力量」提升至極限

備詢台

第1章

事業項目的選擇

如何正確決定「事業內容」

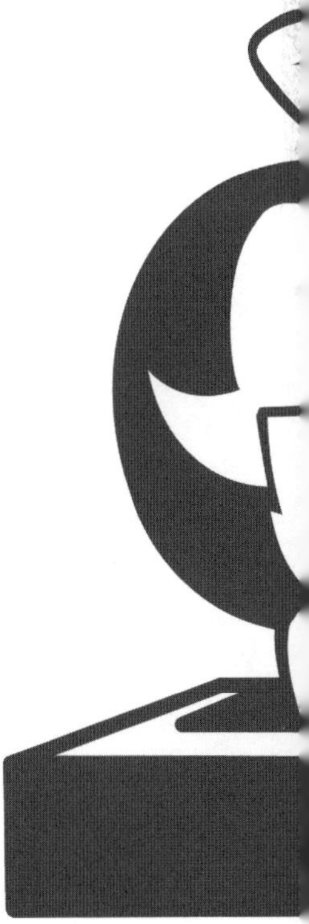

失敗的地方活化，通常在一開始的「事業項目選擇」階段就發生了重大問題。

許多地方在選擇項目時，會先從「尋找成功案例」開始，到當時造成話題的先進地方視察，然後熱烈地討論「我們的地方也來做一樣的內容」。認為在其他地方成功的案例，在自己的地方也會有效果，彷彿看到了特效藥，但如果這樣就能成功的話，大家也不用這麼辛苦了。

我在自己參與的地方事業中將所有視察參觀收費化，便是因為我認為視察參觀幾乎是沒有意義的。光是花兩個小時在現場視察，就能在自己的地方重現成功，說實話機率應該是「0%」。這就像在說一個外行人去視察了一間汽車工廠，回家就能自己做出一台車一樣（笑）。

話說回來，地方活化原本就不是「去做每個地方都在做的事」，而是「做其他地方沒有，只有自己的地方能做的事」。

實際上，團隊在決定地方活化「要做什麼內容」時，首先要認識「自己地方的課題是什麼？」，以「從什麼項目開始」的觀點來選擇。

換言之，在參考其他成功案例前，團隊除了明確認識自己地方的課題，同時還須討論「每個禮拜能出多少力」、「能為這項事業出資多少」等現實問題，在能力所及的前提下，來選擇「項目」。舉例來說，如果課題是「再生閒置的物件、提升其價值，並且要打造自己也能賺錢的事業」，而團隊的情況是「三個合作夥伴，只能各出十萬日圓」，那麼思考在這樣的條件下能做的事，就是你的地方活化事業的起點。

光是去參觀有大型開發的地方，或靈活運用補助金而造成話題的地方，也得不到任何靈感。要做出成果，在參觀其他地方前先正視自己本身的條件，思考在條件下能做的事是很重要的。

二〇〇八年我在熊本市和夥伴展開事業時，以地方整體活化為目標進行活動，但當時我們的團隊能籌措出的資金，四個人只有三百二十萬日圓。我們思考用這些資金能做的事，結果開始了集結熊本市中心大樓，進行垃圾處理契約統一化的生意，每年創造出四百五十萬日圓以上的節約效果，並將部分盈餘作為下個事業的財源，直到今日這個事業都還存在。像這樣，就算不去視察其他地方，只要能媒合自己的事業對象地區的條件以及自己能做的事，就能選出「正確項目」。

本章中將介紹地方容易失敗的「項目選擇」具體案例，並找出其預防對策。

01

吉祥物

這是該用到納稅人稅金的東西嗎？

正視當地經濟的「改善」問題

在此，我們不能不提到一直以來的熱門地方活化項目「療癒系吉祥物」。

據說，日本地方政府製造出的療癒系吉祥物共超過兩千種，光是二〇一五年「療癒系吉祥物冠軍賽」的「當地療癒系吉祥物」，就高達一〇九二尊。

自從熊本熊出現後，吉祥物贏得了廣大人氣，但就根本來看，這像是讓成人聚在一起，投入大筆稅金從事的經濟政策嗎？我必須打上問號。

為何「療癒系吉祥物」受到歡迎？

吉祥物從很久以前就存在，但直到彥根市的療癒系吉祥物「彥根小貓」才引發話題，二〇一〇年還出現了「療癒系吉祥物冠軍賽」，日本各地陸續跟進開發「療癒系吉祥物」，競爭人氣。

圖表 1-1 「療癒系吉祥物冠軍賽」報名數的推演，及歷代冠軍吉祥物

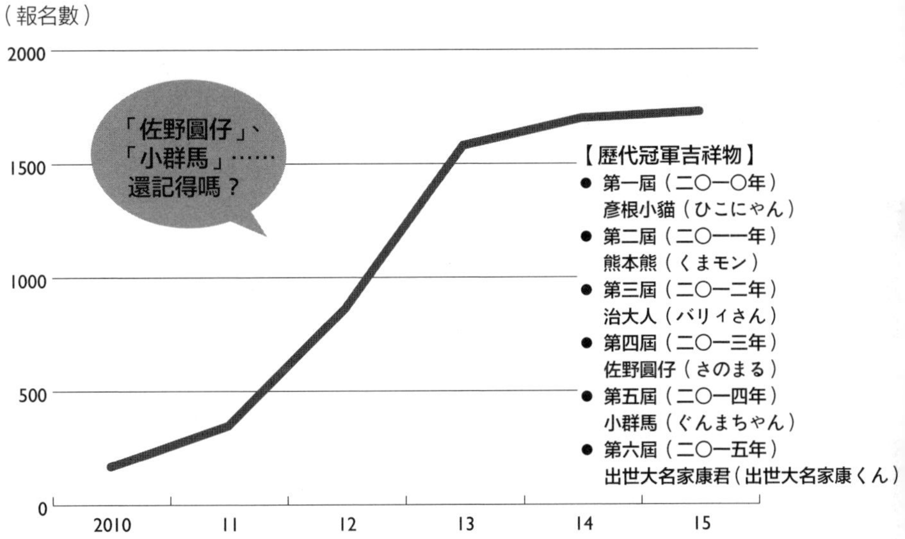

©（出處）作者根據「療癒系吉祥物冠軍賽官方網站」製作

在第二屆療癒系吉祥物冠軍賽，熊本縣的「熊本熊」獲得第一名後，地方吉祥物的人氣一下高漲（圖表1-1）。

與彥根小貓不同，熊本熊的專利使用相當容易，相關產品大量投入市場，帶動了旺盛人氣。熊本縣這端為訴求政策預算的正當性，以當地日本銀行分店所發表的報告為基礎，稱頌其「經濟效果」，於是乎「療癒系吉祥物有助於地方政策」的論調在全國被更加強化。

【療癒系吉祥物的理論】

地方政府花費預算，做出吉祥物。

↓地方政府花費預算，展開宣傳，在療癒系吉祥物冠軍賽中獲勝。

↓以療癒系吉祥物為目的的觀光及商品需求出現，提升當地認知度，活化當地。

看到這樣的過程，全國各地的地方政府尋思「我們也要做到」，於是投入龐大預算，讓療癒系吉祥物大肆競爭，掀起一場毫不療癒的戰爭。

吉祥物是值得投入稅金的經濟政策嗎？

可能讀者中會有人提出反論：「你在說什麼啊，吉祥物不是對商品販賣或振興觀光很有幫助嗎？」

的確，對於部分販賣吉祥物商品的企業而言，說不定是有正面效果的。然而，若考慮整體，並不只有正面效果，因為也有商品被吉祥物相關商品占去了賣場空間而無法銷售，多少都會帶來負面效果。換句話說，形成了療癒系吉祥物商品銷售額蠶食既有商品銷售額的市場結構。

更別說，多數的吉祥物商品未必都是「獨家的原創產品」的嶄新開發。有許多商品只是在手機殼、當地饅頭的包裝、賣得好的酒瓶上印上吉祥物，更改了既有產品的設計而已。

光看一項活化事業的「正面效果」部分，會看不清整個地方活化的真相。

別掉進經濟效果的「圈套」

療癒系吉祥物對地方活化的微薄效果之所以變得像一回事，我想支撐力量可能是「經濟效果」這個關鍵字。人們因為認同「帶來不錯的經濟效果」而肯定事業，但我不得不說，這項數字的根據很可疑。不只是療癒系吉祥物，如果世上經常被用於宣傳的「經濟效果」真正影響了實體經濟，能促進成長，那日本的經濟成長就可以高枕無憂了。現實往往並非如此，關於地方活化領域的經濟效果，我們須謹慎觀察。

世人對「經濟效果」有很大的誤解，聽到〇〇億日圓的經濟效果，大家就以為原本不存在這世上的〇〇億日圓的經濟出現＝純粹增加，媒體也以這種方式公布。

然而，這完全是謊言。

舉例來說，我整理出療癒系吉祥物經濟效果的問題點，如圖表1－2所示。

圖表 1-2　療癒系吉祥物經濟效果的問題點

正面效果

（問題點）
- 因果關係無法正確驗證，數字灌水。
- 無法區分新商品與既有商品間的替換，數字灌水。

負面效果

（問題點）
- 沒有考慮到既有商品從賣場被排除而無法銷售。

× **只有正面效果　＝今日討論的經濟效果**

○ **正面效果－負面效果　＝原本該預期的經濟效果**

換言之，在經濟效果中只抽出了「正面效果」的部分加以計算，但實體經濟並非如此單純。

這裡存在了兩個問題，一是一方面成長，另一方面就會消滅的平衡關係，以及就算成長也並非毫無限制的供給瓶頸。

比如，說到頭來若在土產店裡放療癒系吉祥物相關商品，那麼原本的商品就被排擠，也就是說即使療癒系吉祥物的相關商品賣了一百萬日圓，相對的，就會有其他商品無法被陳列。如果無法陳列的商品本來可以賣八十萬日圓的話，那麼增加的其實只有二十萬日圓。

住宿設施也是，當觀光客不斷增

加，地方的觀光消費額就會持續增加嗎？並非如此。讓我們假設地方的住宿設施的客房數只有三千房，且全部都是雙人房。那麼在只能容納六千人住宿的地方，就算辦了大型活動一口氣有一萬個觀光客前來，也無法全部住下。如此，對於多出來的人，我們並不能期待他們能達到兩天一夜的單人觀光消費額。同時，如果六千名觀光客住下，平日的商務客被排擠，商務客的消費也會降低。

像這樣，任何事都有限制，活動不是只要衝人氣，或有人來就好了。

然而，療癒系吉祥物的政策評價，卻採用了忽視這些因素的「經濟效果」。

熊本熊的經濟效果是真的嗎？

比方像「熊本熊」，日本銀行的熊本分店不知是否是靈機一動，在二〇一三年年底謳歌它的「經濟效果超過一千億日圓」。然而，查看其數字根據，問卷調查主要是以「印有熊本熊的相關商品銷售額」為主。

前面所描述的實際從經濟整體來看的負面效果，或是既有商品被置換，這些都沒有被考慮進去，報告只是不斷地往上加數字來提高效果。

這樣的數字一旦出現，從這一步開始，其他地方政府也只能一窩蜂高喊「跟隨熊本熊！」而加入。我為熊本熊感到遺憾。

更嚴重的問題是，許多時候，賣出去的商品並不是因為產品的技術、性能，或服務提升而取代了生產性低的商品。

不在經營上做改善商品等踏實的努力，而是「抱地方政府大腿」，以搭上吉祥物熱潮便車來販賣商品當作地方活化策略，這不僅不符合邏輯，應該也不會持久。

當然，如果是由個別民間企業共同出資，打造品牌、進行宣傳的話，這種策略是可以理解的。然而，在「大量銷售」的想法下，儘管內容空洞，大家依然認為有「吉祥物人氣」就能賣出；對於這種膚淺的做法，地方政府偏偏還使盡全力以稅金推展。這樣的策略竟被稱為是「地方活化的王牌」，令人不禁感嘆政策企畫力的嚴重低下。

容易被正當化的「療癒系吉祥物」政策

日本各地方政府為了得到表面的經濟效果出動財政資源，持續投資療癒系吉祥物。

投入高額預算來製作吉祥物，展開動畫宣傳、電視廣告等媒體策略，然後在吉祥物人氣比賽的投票中，動員市公所職員去投票，用盡全力在打這場仗。最近，有些地方為了在比賽中獲勝，甚至將龐大預算支付給廣告代理商。這種做法，到頭來不過就是稅金被活用吉祥物的民間企業以及市場投機者共同榨取罷了。

冷靜想想，這不是一時性的人氣比賽生意，況且，吉祥物市場早有層級完全不同的大型企業投入，地方政府為此投入大量稅金在全國打仗，這件事本身一點都不合理。大家被稀有的成功案例牽著走，都想得到下一個幸運星，等於用稅金在「打群架」，可以說十分空虛。

即便如此，吉祥物如此可愛，只要不是太可怕的設計，在地方活動登場都會受到孩子的歡迎。同時，有的當地企業能將吉祥物用於包裝來獲利，吉祥物因此獲得了這些人的支持。

再加上，對熱愛大興土木的行政機關而言，對吉祥物投入的預算只不過是數千萬到數億日圓的小數字。所以，這類活動很少有人會站出來反對，也就容易被採納為政策。

日本地方政府中，有不少地方的財政情況已經「火燒屁股」，能大幅改善當地經濟的事業項目不勝枚舉，不知為何，大家卻將眼光朝外，掀起「吉祥物」大戰。

舉例來說，就連二〇一四年提出「破產危機」的千葉縣富津市也開始了「吉祥物」活動，讓人忍不住想對他們說：「喂，你們沒搞錯吧？」當然，搞錯的地方可多了。

該挑戰的不是吉祥物這種「賭博」，而是地方經濟的「改善」

原本，投入預算到「吉祥物」在全國打仗前，就應該先正視當地的經濟活動。提升個別的商品力、提高附加價值，或活用地方內的閒置不動產、增加創業者等，這些腳踏實地的活動能讓地方產生雇用機會，不被捲入與其他地方政府的徒勞競爭，也能促進適當的設備投資。

然而，如果地方政府相關人士以居高臨下的態度對當地居民說：「不要做那些沒有生產性的工作，多想想其他辦法！」也會招致反感。結果是，地方政府致力於吉祥物的成功，讓當地企業以相關產品在短時間內賺錢，反而容易得到感謝，自然容易選擇這條路。儘管，成功的只有一小部分，幾乎大部分的地方都只是花光經費，什麼也沒留下……

地方政府推進的地方活化政策，多半集中能在當時造成話題，或乍看之下顯示經濟效果龐大，數字根據卻不清不楚的項目上。

然而，大家一窩蜂地加入「吉祥物」活動，經過激烈的競爭與挑戰，最後草草結束的案例不在少數。不會讓任何地方得到幸福的「徒勞戰役」就這樣一再被推廣。有一天，大家會說出「這些已經落伍，沒有效果」這樣的話，然後再次出發尋找下一個徒勞的「活化事業」戰場。

雖然不是全部的原因，但就是因為老是重複這些事情，已經從事數十年地方活化事業的地方政府收入遲遲無法增加，只有支出增加，財政不斷惡化。如此這般，接下來就會掀起「地方政府要破產了！」的騷動，然後再喊出「我們需要地方創生！」這樣的話。

從「吉祥物」我們可以得到的教訓是，對於地方政府主導的這類地方活化活動最好不要抱持期待。我認為最值得信賴的地方活化，是在當地由民間一點一滴地累積起的事業。

02

特產

為何會做出「難以下嚥」的特產？

真正想賣的話，要「先跑業務」

接著，另一種全國各地都採用的「項目」代表，就是「特產開發」。只要活用當地材料、開發商品，一旦大賣地方就能再生，全國各地都抱著這樣的期待。

但若要說到因為這樣的活動而奏效的地方活化案例有多少，只能打個問號。事實是，當我前往地方，當地人士端出的「最近開發出來的特產」，經常令人難以下嚥。

為什麼這樣的特產開發會暢行無阻呢？問題的背後，隱藏了地方的問題。

預算型「特產開發」的問題點在於？

在主推一級產業的地方中，「特產品」的開發經常被認為是「地方活化的王牌」，地方政府會召開地方協調會，進行「來推出我們鄉鎮的名產！」這類活動。

舉例而言，像是「六次產業化」（農業、水產業等一級產業，同時從事二次產業的加工，並進行如流通、販賣等三級產業）、「農商工合作」，最近也出現「鄉土名產」這樣的詞彙，實在有許多部會與地方政府都支付特產開發支援的預算。

那麼，為什麼要開發特產呢？理論上來說，製作使用當地的原料加工的特產，連販賣都一手包辦的話，比起光賣原料會更賺錢。

比起直接將柚子出貨，用柚子汁加工成柚子醋的話，價格提高，能獲取利潤。當然這項理論本身並沒有問題。

然而，若要論及做出來的特產能否賣出去，事情並非如此簡單。

看零售店的賣場就能知道，不光是特產，還有許多廠商的商品都是競爭對象。因此，製作商品是好的，但別說「賣不出去」，就連「商店都不進貨」的情況也經常發生。

即便是這樣的情況，特產開發的預算仍不斷被擴充，因此也出現了「因為能拿到預算才做特產」的案例。

只要是當地產品就一定賣得出去？特產開發的「幻想」

像這種預算型的特產開發，只會不斷製造出「賣不出去的東西」。這當中，有三點問題。

⊕ **問題一：商品本身的錯誤**

商品本身是拷貝成功商品而來，或容易被「流行」所左右。比如像果醬、果汁、咖哩之類過去在其他地方獲得成功，且容易拷貝的商品，或像「飲料醋」之類當時「流行」的東西。這些生產者或加工者集團不顧自己的狀況是需要靠補助金、沒有資本力，加入了競爭者眾多的人氣商品市場，而被埋沒其中。

⊕ **問題二：原料的錯誤**

有時，地方儘管毫無根據，不知為何卻認為「自己地方的產品是日本第一美味」，以此為前提推進企畫案，甚至還有些原料是「用以前生產過剩而丟棄的材料」。換句話說，他們不是以「能賣得出去的最終商品形象」來選擇原料，而「因為是地方資源」，從當地有的原料來思考商品。

⊕ **問題三：過度相信加工技術**

有時，會有地方誤會「只要導入新技術就能賣」。舉例來說，他們意志高昂地導入新的冷凍技術，購買了高額的製造設備，到此為止還好，等到被零售商說：「畢竟是冷凍食品，味道還是差了一截。」因此被壓低價格大量購買，設備的投資全部變成虧損。

換句話說，變成「光靠技術」，而未思考「技術究竟是否能轉嫁到價格部分」。

最嚴重的問題，就是以上的錯誤商品、材料、技術的「組合」，最後造成具體的商品形象模糊不清，也缺乏整合性。

結果，就會大量出現像「使用了當地洋蔥的燒酒」、「用了奇怪顏色的蔬菜的咖哩」這類已經是在「會賣」與「不會賣」的判斷階段之前就有問題的商品。今日為止，我在地方試吃過無數次這種「賣不出去的商品」，我總是納悶「到底為什麼會出現這樣的商品呢」，心情相當苦澀。

「難以下嚥」的特產的誕生原因

那麼，為何這樣的商品會層出不窮地出現？其背景隱含了重大的結構問題：特產的開發，是由「生產者」、「加工者」、「公務員」所組成的「協調組織」為中心在進行，而最關鍵的消費地的販賣者、消費者，幾乎都沒有參與。

也就是說，基本流程是「做了再去賣」，因此在初期階段不會邀請販賣者與消費者。

因此，決定價格時也多半採用計算原料費、加工費、物流費後，加上生產者與加工者所需的利潤的「總成本加成定價法」。結果很自然就會變成「超高價格」。

當然，合理的理由所造成的高價並無妨，但如果只是因為經費加乘而造成高價，那就是「賣方」單方面的原因，對販賣者或購買商品的消費者而言，都是難以接受的。販賣者和消費者的聲音被消音的商品，怎麼可能賣得出去？

接著，為了解決高價商品的問題，竟然出現了「賣給東京或海外富裕階層」的方法。這是聽起來像玩笑話卻真實發生的故事。

我也有過類似的痛苦經驗。當時我參與了某地方的特產開發協調會組織，「飲料醋」正風靡一時，於是該地方也決定用當地的水果名產所製造的醋，以稍高的價格設定大肆販賣。

我堅信地方事業沒有這麼容易，拜託了熟悉的早稻田商店會店家，以美食家的常客為對象進行調查。

因為價格稍高，平日習慣買普通的醋的消費者連看也不會看一眼，感興趣的只有使用高級醋的消費者。然而，這樣的消費者多半熟知全世界的醋，反應也一針見血。「這類的醋的話，北歐產的〇〇還比較好喝」、「用來做喝的酸度太高」、「應該要改改瓶身設計」等，產品收到了許多嚴苛的回饋。

像這樣，不是針對富裕階層而設計的特產商品，單純只是抬高價格的話，是不可能賣給比製作者擁有更多知識的「挑食的富裕階層」的。

另一方面，有些人擔心「太貴了會不會賣不出去」，對商品沒有信心，便使用補助金，在各種經費的補助下來降低價格，用表面上的「低價」來販售，這樣的案例也層出不窮。然後，補助金一旦結束就若無其事地調回價格，商品自然再也賣不出去。

因為「協調會組織」的會議進行方式，造成了錯誤的價格決定，起因包括：在進行商品化決策時，負責人不是以事業是否合理加以判斷，而是以「參加協調會的人的共識」為基礎。

接受地方政府的委託而陳設特產的販賣店，有不少店家都有這樣被荒腔走板的地方特產開發要得團團轉疲憊不堪的經驗。

先前所說的補助金一用完就「突然漲價」的狀況也許還算可接受的，最慘的是當年底結算發現預算花完了，就突然停止製造。若是寄售的關係，也有可能以「補助金減額」為理由，突然中斷支付。

「政府預算的世界」，它的道理完全不適用於一般的販賣商店。這樣的對應方式，只會讓商店覺得「再也不想和你做生意」。

特產開發，需要的不是「預算」是「跑業務」

當中，其實也有在開發「特產」時能作為參考的案例。

這是「東京蔬果店團體」組織的活動，他們是由東京都內規模不大的「三間蔬果店」聚集而成，事實上沒有補助金，憑藉「自身的販賣力」，與生產者合作，進行獨特的「特產開發」。

具體來說，他們做了什麼呢？他們的方法是在二〇一四年從各自的蔬果店鋪募集了30人×3＝90人的「試吃者」，請他們試吃試作品。

東京蔬果店團體

東京蔬果店團體沒有補助金，憑藉「自身的販賣力」，與生產者合作，在「特產開發」中獲得成功。

由此決定商品，其後由各個店鋪「保證販賣數」（這十分重要！），向產地下訂，再依據銷售情況，追加訂單。

第一彈是與高知的生產者一起製作的「蘘荷醃菜」，產品大賣，生產甚至追不上需求量。

由這個案件可清楚發現，特產開發所需要的不是「預算」，而是「跑業務」。

即使像「東京蔬果店團體」這樣小型的店鋪組織，因為對自己的顧客能夠確實推展業務，因此有能力去開發與產地合作的特產。

有業務能力的販賣店在起點就和生產者合作，共同製造有銷路的商品。生產者因為契約保證了一定數量的販賣，面對的風險較低；販賣店因為商品企畫階段開始就讓真正的顧客試吃，只要商品一被接受，就能連結到銷售。接著有了販賣的實績為基礎，再逐漸增加製造量。正因為一開始就沒有政府行政預算的介入，一切都是「自然的流程」，才不會發生需要勉強維持下去的情況。

如果按照以前的做法，以「預算能力」推進「自家人口味的商品開發」，以對單方有益的交易方法先行，別說是活化地方，還可能會讓地方（特產）失去信用。今後所需要的特產開發，是讓銷售跑在前面，正視市場的同時不斷地確實改善、增加販賣數量，才能促進地方的繁榮。

03

地方品牌

以平凡的地方和商品去挑戰做品牌是有勇無謀
不斷改變販賣時期、販賣對象、販賣產品

特產開發，通常不會因為靠預算做出了不賣的商品就消失，一直以來連結「地方品牌」的特產事業不斷在發展。他們的想法是：原本賣不出去的特產，如果加上「地方品牌」會不會就賣得出去了？令人相當費解的是，已經是賣不出去的商品了，怎麼能成為「品牌」？但這樣不可思議的情況正橫行於地方活化產業。

賣不出去的商品，掛上「地方」招牌後突然變成品牌而大賣，聽起來就相當地詭異。以二〇〇六年開始的地方團體商標制度為契機，日本「地方品牌」的活動在全國各地展開（圖表1-3）。

實際上，日本的地方品牌，除了像米澤牛（山形縣米澤市）、大間鮪魚（青森縣大間町）等已經做出成果，成為傳統，也登錄了商標，其他地方出現了許多魚目混珠的「地方亂來」品牌。當地團體與顧問公司聯手，用一部分成功案例作為項目，以補助金為目的而展開活動，結果遭遇挫敗。地方品牌的事業，就這樣不斷重複。

圖表1-3　地方團體商標的登錄件數及申請件數（2016年3月31日為止）

看看自己住的地方，您能想得起來有這麼多的「地方品牌」嗎？

	登錄件數	申請件數
北海道	27	51
青森	9	18
岩手	5	10
宮城	6	14
秋田	9	16
山形	10	22
福島	4	15
茨城	2	7
栃木	8	10
群馬	9	13
埼玉	5	11
千葉	14	24
東京	17	32
神奈川	8	19
新瀉	12	34
長野	8	29
山梨	5	12
靜岡	21	35
愛知	15	34
岐阜	29	42
三重	15	28
富山	9	15
石川	28	41
福井	16	24
滋賀	10	28

	登錄件數	申請件數
京都	62	150
大阪	11	15
兵庫	35	63
奈良	11	15
和歌山	13	17
鳥取	6	6
島根	7	12
岡山	6	12
廣島	14	26
山口	6	9
香川	5	7
德島	6	8
高知	5	9
愛媛	11	17
福岡	17	27
佐賀	7	9
長崎	8	18
熊本	12	19
大分	12	15
宮崎	7	18
鹿兒島	14	23
沖繩	15	42
海外	3	9

©（出處）作者根據專利廳資料製作。

「地方品牌化」容易掉入的陷阱

說起來，大多數的地方突然想推進地方品牌化這件事並不合理。從失敗的背景中，可以看到主要三個原因。

⊕ 原因一：不適於品牌化的平凡「地方」與「商品」

地方品牌，需要「擁有一定知名度的地方」加「具特徵性的商品」的組合才能成立。光憑名字就能讓人在心中浮現地方的特性和故事、提升商品價值，擁有這樣品牌力的地方其實並不多。多數地方希望品牌化的是肉類、魚類、貝類、米、水等商品，或是山、田野、海洋或河川等觀光資源，然而放眼望去，日本到處都是類似的商品與場所。

我不是否認這些地方，但是將這些平凡的地方和商品本身刻意做成「地方品牌」來推進地方活化，並不是適切的方法。

⊕ 原因二：靠顧問公司只會誕生「無辨識度的地方品牌」

此外，推進地方品牌的農會或工商會等，鮮少有人靠自己思考、自己籌措資金來進行投資。幾乎都是利用國家或地方政府的補助金，再靠顧問公司來推進計畫。

從外部來的、有名聲的顧問公司，為了拿到工作會這樣大力讚賞：「這麼美味的食物、這麼美麗的景色，一定可以成為品牌！」然後開始地方品牌開發。從這裡，每個地方都一樣的「地方品牌七件組」商品便會登場。

（1）耳熟能詳的宣傳文字（日本第一的〇〇）
（2）隨隨便便的地方商品選定
（3）不經過思考的冠上地方的品牌名稱
（4）稍為像樣的設計感Logo
（5）使用美麗照片的大型海報
（6）內容空洞無物的時髦網站
（7）在東京精華地段進行活動

經過同樣的程序，每個地方也出現了同樣的農作商品或觀光商品。品牌化的目標本來是為商品帶來高附加價值，但全國卻在用相同的過程，製造出一般的商品，結果就是只有當地的公路休息站願意擺放。

接下來，隨著預算結束，顧問公司也離去，所謂的「地方品牌」被用完即丟。

⊕ 原因三：資源不足卻選擇高難度手法的不合理性

原本，品牌塑造，是極為高難度的行銷手法。要差異化，有商品本身、價格設定、服務、品牌這四種方法。而其中的品牌差異化，是讓顧客因為對品牌抱持特殊感情，比起其他商品更想購買此商品的方法，必須花費時間與勞力，形成品質上的無形資產，其實相當困難。即使是大企業投入巨額投資，都非一朝一夕就能形成品牌，而要維持是更加困難的。

比起品牌化更重要的是提升附加價值的對策

當一個地方面臨衰退局面，人力、物力、財力等資源長期不足，卻要地方業者選擇品牌化一途，只會加劇地方衰退。

更重要的應該是，先藉由自己的賣法、作法所能產生的變化，摸索出提高附加價值的對策。讓我們來看兩個實例。

⊕ 提高商品價值的案例一：在大家都不賣的時候賣

在提高商品價值方面，有個方法是「在大家都不賣的時候賣」。有個優秀案例是：地方的漁民從地方機場把新鮮漁獲運到羽田機場，再與販賣對象涵蓋東京和海外的「羽田市場」合作，來進行銷售。

歲末年初，家人好友團聚，魚的消費量增加，但由於批發市場在年節期間關閉，新鮮魚貨一直無法流通。於是，羽田市場和地方漁民合作，取消了年底年初的休假，從地方機場空運新鮮漁獲，在東京的百貨公司等地販賣。由於是空運，當天早上捕獲的魚，傍晚就能陳列在東京。這項活動引爆了人氣，所有商品被以高價收買。

地方漁民因為優渥的漁獲收購價格，充滿了幹勁。有心的漁民還進行商品本身的改良，將魚放血、仔細鋪冰等，也放入寫上自己名字的標籤，發展到後來有些顧客甚至會用臉書連絡漁民指名購買。

對應嶄新的流通系統，在大家都不賣的時候販賣，提高了地方商品的附加價值，這是比起地方品牌化更有邏輯的方法。

⊕ 提高商品價值的案例二：栽種適合店家特定菜單的農作品種，進行販賣。

以獨特的農園經營而聞名的久松農園，也是值得參考的例子。

他們不製造一般在市場流通、在市場販賣的農作品種，而是先開拓餐飲店成為事業夥伴，並配合該餐飲店主廚思考出的菜單，來選定最適合的農作物，在栽培下功夫。

光看萵苣這種蔬菜就好，種一般大量生產的品種並無法獲利，但若是適合餐飲店生意夥伴將在冬天推出的「萵苣火鍋」、加熱後更加美味的萵苣，就產生了競爭力。他們提供別處無法提供、對餐飲店有利的價值，提升了農作物的價值。

類似的事業策略不只做出成績，還誕生了個別「品牌」。不是由品牌塑造入手，而是因應顧客需求，改變了流通方式，甚至改變商品，也重組和顧客的關係，結果提供了其他地方相同的商品無法提供給顧客的安心感與特別感，得到顧客的熱烈支持，也擴大了信用。

並不是因為有品牌才讓品牌賣出去，而是做生意的結果形成了品牌。看到這些案例可以發現，所謂的品牌，是日積月累下來形成的結果。

自己不做任何改變，光靠以補助金做出的品牌，幻想一次就扭轉勝負，世上沒有這麼容易的事。首先要接受考驗的是，地方生產者與其他相關人士能否積極地因應時代變化。

04

優惠商品券

為何與其他地方做「一模一樣的事」？以「萬能不如強化」來拯救地方

關於項目選擇的問題，除了所選擇的項目內容外，還有一個問題：四十七都道府縣，大約一八〇〇個地方政府都選擇「同樣項目」，進行相似性高的活動。由於許多地方沒有自行思考項目的能力，於是選擇先前所述的「療癒系吉祥物」、「特產開發」、「地方品牌開發」等由國家準備好預算，且在許多地方已有先例的內容。結果演變成所有的地方都在進行相同事業的怪異現象。

遺憾的是，在國家和地方政府中，至今仍存在許多這樣的「模仿結構」。

能清楚看見這種模仿結構的案例之一，就是在「前言」中也曾提到的「優惠商品券」。

正如時事新聞等媒體的詳細報導，當政府在分配關於地方創生的補助金時，一提示出優惠商品券這個項目，就有一七三九個市區鎮村與三十個都道府縣提出實施優惠商品券的計畫。

當時的市區鎮村有一七四一個，也就是說幾乎是百分之百的地方政府都展開了這項計畫。與優惠商品券類似的旅行商品優惠事業，也在包括東京都的四十七個道府縣內執行。

且不論優惠商品券的優劣，當國家一提出方針，大家都心想：「別被其他地方政府搶先了！」於是全國都開始實施同樣措施。

如何打造特殊化的事業內容？

以前，促銷的作法是利用商店街的會費等，以民間主導的方式來實施。

正因只有一部分的商店街做促銷，從周邊流進比以往更多的顧客，各個店鋪的銷售額的增長大於優惠部分的負擔，因此最後能為地方帶來利益。但是，這是在擴大經濟下薄利多銷的時代所流行的方法，像現代這種縮小型社會，這種作法只會演變成消耗戰。

不知從何時開始，對於這種薄利多銷的促銷手法，地方政府開始以補助金支援，並演變成全國一致投入稅金的國家政策。這可能是一項緊急經濟對策，我們卻無法期待它對地方活化的效果。

理由是，即使在全國都有「優惠商品券」的折扣，但只是取得了平均的分數罷了。每個地方都做同樣的事，反而失去了特地選擇當地的理由。

現在地方所需要的，是準備能受到一部分人熱烈支持的突出內容。

實際上已有這樣的案例，針對其他地方沒有的當地「人才」與「環境變化」做適當的篩選，創造出「突出賣點」，獲得成果。在這些成功地區，並非一味地打折扣戰，反而是將策略切換到高附加價值（高價格）的方向。在此為大家介紹兩個適應人才與環境，進行事業「特定化」的案例。

⊕ 案例一：知名排球顧問所創建的民間體育館

首先介紹的是，將事業縮小到適合當地優秀人才的成功案例。這是在岩手縣紫波鎮（從盛岡往南坐電車約二十分鐘處）的ＯＧＡＬ地方，有一座全由民間資金建蓋而成的排球專用練習體育館「ＯＧＡＬ ＡＲＥＮＡ」。

ＯＧＡＬ的成功有許多原因，為什麼能說它是藉由「適應當地人才的特定化」而成功的呢？

首先，應該注意的是，如果只是抄襲「其他該領域中特定化的活動所獲得的成果」，再縮小事業範圍也毫無意義，只是同樣模式的沿襲。

重要的是，特定化必須根據「內發性資源」來進行。

在全國以稅金統一興建的體育館，多數都適用於所有競技，但相對地，對所有競技而言也都不是最適合的多目的體育館。

然而，在OGAL ARENA，包括球場的規格都施以符合排球國際標準的特殊設計來強化。同時，不設觀眾席，設置了能夠檢視發球動作的相機等設施，也就是它不是一般的比賽設施，而是練習專用的特殊化場所。最後，岩手縣紫波鎮儘管位於相對不利的地理位置，還是滿足了全國各地從國中生到專業人士的排球練習需求，天天客滿。此外，該事業還活用了這些客群，提升了作為集訓設施而合併設置的商業旅館的營業利潤率。

該設施的社長是當地出身的岡崎正信先生，他也兼任排球顧問，正因為他是能向專業球隊等多方面推展業務的人才，這種特定化才能成立。以人才的業務推廣力為基礎，做出特殊化的設施，比起多目的設施，能更成功地從全國吸引人潮。

⊕ 案例二：將客群縮小為單車族的旅館

接下來介紹的是因應環境變化的特定化案例，在此挑選的是在觀光產業中獲得成功，位於廣島縣的某複合設施。

推銷地方觀光時，像「我們的鄉鎮是○○之鄉」這種從江戶時代維持至今的傳統口號的確也很重要，但若只是堅持這些，就會沿襲既有模式，因為，以當地歷史或故事為主題的觀光事業到處都是。

那麼，該如何進行獨特的地方事業呢？

近來，連接廣島縣與愛媛縣的「島波海道」聚集了全世界的單車族，接收到這種新的環境變化，在廣島縣尾道市，出現了名為「ONOMICHI U2」的複合設施。當地的年輕經營者所成立的公司借用了縣營倉庫加以活用，經營了旅館與餐廳。

ONOMICHI U2的核心設施是單車旅館「HOTEL CYCLE」，其特徵為能帶著單車辦理入住，單車能直接帶進客房。單車族們所騎的自行車，有許多是客製高價品，因此產生了將單車帶進房間的特殊需求，經營者考慮到了顧客的玩心。

ONOMICHI U2

向廣島縣租借縣營倉庫，經營旅館與餐廳等的「ONOMICHI U2」，不光是騎單車旅行的「單車族」，也受到許多顧客青睞。

不是回顧過去，而是去讀取未來的地方變化的徵兆，藉由特定化，賦予地方事業和過往截然不同的優勢。

「國家交給地方政府」的方式已經到了極限嗎？

獨自進行適合地方人才與環境的特殊化事業，以民間主導推進並為地方帶來巨大變化，這樣的案例正在增加。

並且，無論是OGAL ARENA或ONOMICHI U2，都是由當地40歲左右的中堅經營人才為主體，獨力經營。同時事業獲取由外地流入的「外幣」，個別事業均相當成功。兩者都是兼具貢獻地方收益的公益心，同時自身也能賺錢的民間事業，與傳統的活化事業有所區隔。

正因如此，他們的事業方向不是以折扣來追求量，反而是往創造附加價值、與周邊事業配套的方向展開。

這些事業給我的啟示是，地方活化的接力，或許不是「從國家交給地方政府」，而是需要越過地方政府，傳給地方的中堅或年輕的經營人才手上。

讀者所在的地方，一定也有這樣的中堅人才。開始脫離模仿結構，來從事「內發性」的特殊化事業如何呢？

05

事業企畫競賽

依賴外力的點子不會順利
要成功就要「立刻」從「自己」開始

無法「選出項目」的地方，有時會把「大家一起來幫忙思考項目」這件事當作活化政策本身。

近來，各地可以看到舉行「事業企畫競賽（Business plan competition）」的地方活化事業，讓大家構思對地方再生或活化不可或缺的新事業，互相競爭。乍看之下，似乎是「只要募集點子，推進其中被判斷為好的企畫，地方就能活化」，但事實並非如此單純。

原本，為了打破地方的衰退狀況，首先重要的是重整縮小中的既有事業。但除此之外，也要創立新事業，建立起「賺錢的機制」，境外的收入提升、雇用增加，這些積極的行動都是必須的。

用事業企畫競賽募集點子的方式，跨領域地在農林水產業、工業、商業等產業中執行，卻遲遲無法上軌道。箇中原因，包括了地方上存在許多會擊垮新事業的「隱形之牆」，在此，向大家說明每個地方都能看到的，具代表性的「三堵牆」。

「沒聽說」、「看不懂」非相關人士造出的牆

⊕ 第一堵隱形牆：周圍的看衰聲浪

不只是事業企畫競賽，在地方開展新事業時，初期階段會出現各種反應。周圍查覺到新的活動，就連與事業毫無關聯的人都有所反應。有人會說「沒聽說這樣的事」，說明後又以「看不懂這種事業」的理由來看衰。

如果無視這樣的聲音，接下來他們會孜孜不倦地散播「那個事業不會成功」的傳言，地方上有許多這樣「非必要的光出意見的人」。

像這樣，地方事業中麻煩的是不光是與事業直接相關的利害關係人（stakeholder），就連外部不負擔風險、也不特別受到事業影響的人，也要「連絡」和尋求他們的「理解」。

這些看似是小事，實則是一堵巨大的牆。結果，在衰退的地方上，這些人可能只是想針對一件事提出建議，但新事業在初期階段，是沒有心力一一應對這些事情的。

本來，新事業在初期階段就必須集中精力，否則無法創造成果。但地方上與事業沒有直接相關的人帶來種種麻煩，有時甚至會披上親切的外衣而更加難纏。

在最開始的階段若沒有適當處理，地方事業會因此不斷地被扭曲、延遲，連挑戰都還沒開始就被擊垮。

⊕ 第二堵隱形牆：缺乏有審查能力的人

競賽本身也有問題。多數的事業企畫競賽在地方招集想創業的年輕人，讓他們提計畫案，再交由審查委員審查，對符合他們標準的企畫提供獎金與補助金。

這樣的活動在全國各地被舉辦。

乍看之下這樣的活動很棒，但事實並非如此。

審查委員主要以衰退商店街的店家老闆、負責審查融資的當地金融機關人員、地方政府的事業政策負責人、當地大學老師、來路不明的顧問等人為中心，經常發生的情況是，這些人並不是自己創立新事業，能讓事業上軌道的人。

這樣的人聚集起來審查新事業，這種審查的意義在哪裡呢？如果有那樣的預算和能力，不如由審查委員自己先開始事業作為示範更好吧。事業當中重要的不是紙上談兵，而是力求結果。需要的不是審查，而是親自帶領。

⊕ 第三堵隱形牆：受青睞或不受青睞，都有問題

更令人困擾的是，對於參加這些事業企畫競賽的人而言，在競賽中受青睞或不受青睞，無論結果是哪一種都會產生問題。

首先，不幸落選的人就算想在地方內挑戰，也會因為企畫發表，從開始挑戰前就被烙上刻印，被認為是「做出差勁企畫的傢伙」。

此外，在審查中獲得良好評價的人也會產生問題，事實上在什麼都還沒挑戰的階段，藉由發表能力獲得優勝獎金，會讓第一次投入的事業從一開始就離不開補助金。

實際上，最近的事業企畫競賽常因募集不足而苦惱，於是便擅自指定學生或年輕人做企畫，在實踐前就用審查擊潰他們，或是讓他們變得離不開補助金，甚至有些案例變得像「獵巫」一樣。不實踐的大人們聚集在一起，勉強年輕人們創立新事業，再擊垮他們，這件事情本身的意義就令人費解。

一再地重複這樣的事，會讓地方失去正常建立新事業的力量。在這些地方，不斷出現嘗試新事業前就擊垮事業的牆。

說到頭來，地方的新事業什麼能成功無法事先知道。只能先開始，邊做邊修正軌道，再做出成果。在計畫階段逐項「議論」本身就是無稽之談。

所謂地方的新事業，不是耗資龐大的工廠建設，多半是先從幾十萬日圓程度開始嘗試的事業。開始這樣的小規模事業前，花費數百萬日圓的預算去讓大家來議論、勞師動眾，這件事本身就很滑稽。

成功的是不在意周圍評價的人

真心想挑戰創立事業的人，一開始就不會參加什麼競賽，會立刻著手。今日起，想開始事業的人，不要去接受外行人的審查，先自己做看看吧。接下來，再與跑在前頭、已在地方上做出成績的企業家聊聊。

實際上在地方以新事業做出實績的人，不會參加無聊的商業競賽，而是一邊巧妙地應付初期的批評，一邊獨立地創立事業，在改正錯誤下做出成果。

舉例來說，石垣島的珠寶品牌「TILLAEARTH」的平良靜男社長就是如此。現在他們的商品已經從石垣島擴展到沖繩本島、伊勢丹百貨總店，二〇一六年也進駐了東急PLAZA銀座。然而，據說，當他花費了八百萬日圓在石垣島上建立小型店鋪時，周圍的人都說：「這麼豪華的店在石垣島不會流行，三天就會倒閉。」

當地認為，在以數百圓的土產販賣為主的環境中，製造及販賣高附加價值的商品是不可能的。然而，該公司的珠寶活用了珊瑚與太陽等有石垣島風格的圖騰故事性以及優異的設計，展現出豐碩成果。現在他們的名聲不僅是日本，還遠播海外。以TILLAEARTH的活躍為契機，現在石垣島上誕生了各種高附加價值的商品與服務，逐漸擴展。

像這樣當地的新事業在初期階段時會被各式各樣的人指指點點，但只要不被那些言語左右，能適當對應，和夥伴集中於事業上，持續改正錯誤並做出成績，好評就會隨之而來。

重要的是留下成果。成果出現，評價自然會隨後跟上。尤其許多評價多半不是從地方內，而是從地方外開始攀升。根據外部肯定的這個事實，地方內的肯定也會隨著提升，必須時時意識到這個順序。

千里之行，始於足下。開始前不要一味評估，開始後集中火力，專注於修正事業軌道並做出成果。這正是地方的事業必須時時自我警惕的鐵則。

06

官方成功案例

在全國被模仿的「偽成功案例」
「五個重點」看出真正的成功

在尋找地方活化的「項目」時，許多地方政府或參與地方活化的團體，會以中央政府發布的「成功案例集」為線索，然而面對這本成功案例集時萬萬不能大意。

地方活化事業的成功案例，大致可分為「民間主導案例」與「行政機關主導案例」兩大類。比起民間的案例，對後者必須更加小心，因為其中隱藏著不少「偽成功案例」。

為何政府要做「重點事業」？

「政府」在推行新的地方政策時，可以說一定會推出「重點事業」。

因為，這樣能成為全國的範本，為什麼地方需要該政策呢？如果沒有能具體顯示的材料，就會受到「我們真的需要這種政策嗎？」的質疑，無法編列預算。

也為了顯示政策的有效性，政府有時會採取的方法是：先選出符合政策理念、引人注目的地方政府活動，以稅金重點式支援，讓該政策看起來頗為成功。這時所誕生的，就是「官方打造出的成功案例」。

這種方法的重大問題在於「成功」僅限於投入預算的短時期，此後失敗的話就會成為地方的重擔，無論財政面或政治面，都造成巨大的扭曲遺毒。

再加上以「成功案例」被加以報導，全國各地的人來視察參觀，將「實際上失敗的事業」誤認為成功，許多地方再加以拷貝，就這樣出現了「全國規模的連鎖失敗」。

岡山縣津山市、青森縣青森市為什麼會失敗？

那麼，「官方打造的成功案例」有哪些失敗之處呢？其中典型的例子，就是以地方中心區的再生為目標的「中心街道活化」政策。

我們地方創生聯盟，將實際上已失敗的「官方打造成功案例」整理成「這城、那鄉的失敗例墓碑集」，從中挑選出兩個都市來介紹。

⊕ 失敗案例一：岡山縣津山市的「ＡＬＮＥ津山」

第一個，是岡山縣津山市。

當「中心街道活化政策」開始實施時，津山市以「五百公尺核心的地方建設」為概念，席捲一時。這項地方建設事業的象徵，就是「ＡＬＮＥ津山」這座巨大的複合設施。除了接受國家支援，所謂「在中心區打造複合型再開發設施，讓都市機能集中化，對今後的市中心街道活化是有效的」的說法，被認為是在全國成功的先進作法。

然而，實情卻是這項超巨大企畫案花費了高達兩百七十億日圓，當然無法光憑當地力量來開發，因為國家與特殊法人，投入了資金及補助金等高額稅金，才建成了這座「用蠻力蓋起的設施」。這項設施在開業後被發現工程款未被支付等問題，馬上就露出問題。僅靠遠低於計畫的租金收入，第三部門的經營者無力回天，開業後持續虧損，最後惡化到必須依靠地方政府支援的狀況。

結果，地方政府收購了部分商業設施，借此進行財政支援。然而，此案件最後發展成市長卸任的騷動，為地方政治帶來混亂。

⊕ 失敗案例二：青森縣青森市的「ＡＵＧＡ」

另一個案例，則是青森縣青森市。

二〇〇六年市中心街道活化法修訂時，青森市與津山市同被介紹為「緊密城市（Compact City）」的成功案例，該市政策的核心複合設施是「官民合建」的AUGA，高樓層為圖書館等公共設施，低樓層為商業性設施。

AUGA雖然活用了各種支援制度，集資一百八十五億日圓建造而成，卻同樣是租金不及當初的計畫，開業以來持續虧損，經營困難。

結果，為了防止破產，二〇〇八年青森市購入了營運公司的部分債權，支援經營，其後，推進這項政策的市長落選。經營重建計畫幾經修正，業績仍不見好轉，該事業無力償付債務也看不見出口。於是，最終走到市長以AUGA問題為由，發表辭職消息的一步。

這兩個都市，有一段時期出現在各種成功案例集當中，也有新聞媒體報導，當時來自全國的視察參觀絡繹不絕。都市機能如何集中、地方都市如何再生，這些「故事大綱」都沒有錯，然而最後做的如果是「中心街道上動用財政的大型開發」，不過是將

1　西方國家的都市政策，為了防止都市發展往郊區蔓延，侵蝕農地或綠地，主張都市成長與其往外擴張，不如增加原有都市區域的密度，例如針對都市中的閒置用地再開發。

昭和時代擴大經濟時期適用的方法複製到現代來罷了。

這些都市的活動，隨著敗跡顯露，媒體的露出漸漸少了。時至今日，任何成功案例集、媒體上都看不到報導。當然，將這些失敗案例收集起來的官方資料也是不存在的。

換言之，失敗案例存在的事實，被抹滅了。

從失敗中學到的事為何不傳承？為何不共有？

接下來，嚴重的問題從這裡開始。

這些失敗事業所造成的負債，及每年需要高額維持費用的建物本身，並未從地方消失。也就是說，它們繼續留在當地，而市民必須持續負擔這些費用。結果，最後嘗到惡果的是市民。換句話說，別說是活化地方，這些設施反而增加了地方的負擔，成為造成地方衰退的原因之一。實際上，青森市在ＡＵＧＡ上花費了兩百億日圓以上的市稅，有兩位市長為此辭職，招來政治混亂。

更令人困擾的是，由於政府方面的人事異動頻繁，失敗案例幾乎沒有被傳承，現在的負責人不清楚過去的失敗，有時甚至會發生「事故」，錯將原本應該已被消除的失敗案例，介紹為成功案例。

我們本來就應該整理失敗的案例，學習與面對「為何會失敗」這件事。這麼做，不是在批評個別的都市，而是為了不讓其他地方重蹈覆轍，藉由整理過去的失敗，將所有過程與大家共有。

因為下一個失敗的，可能就是自己。

然而，從行政機關的立場，對組織或個人雙方而言，積極公開過去的失敗並沒有好處，失敗案例的存在被抹滅（或忽視），在沒有被傳承的情況下就宣告結束。

今日，在日本全國盛行的地方創生政策中，也介紹了形形色色的成功案例。當然，其中也有許多活動是經過地方人士長年努力而獲得成果的，但其中也混雜著官方打造的成功案例，與偽成功案例。

傷腦筋的是，完全依靠國家資金或補助金等「蠻力」的事業，與正視市場的踏實事業，被拿來相提並論。在地方第一線推進事業的人，必須能區分其中的差別。

分辨真成功與假成功的「五個重點」

遺憾的是，就算批評「成功案例」與「官方打造的表面成功案例」被混為一談，現狀也無法立即改善。

既然如此，先決條件就是「自我防衛」。我會藉由關注以下五點，來判斷案例。

（1）初期投資是否不以國家資金或補助金為中心，而是活用投資與融資？
（2）推進的核心事業，是否成為商品或服務有銷售貢獻，決算是否獲利？
（3）事業是否達五年以上，持續地做出成果？
（4）領導者是否不用漂亮的故事包裝，而是用數字說話？
（5）到當地做一日定點觀測，自己是否實際感受到變化？

例如，只要貫徹前述的（1）、（2）觀點，對於先前介紹的兩個案例，看到從被介紹為成功案例的階段起就出動財政的開發，隨後的經營虧損，就能看出問題。要立即看穿那些表面以成功案例橫行無阻的「危險案例」，這是方法之一。

我個人除了投資也經營不少地方事業，經營者若是隨錯誤的成功案例情報起舞，會是致命的問題。正因如此，我會盡量到各地，接收實際情況。同時，與夥伴共有這些現狀。

實際推行地方事業，並非只有美談，也沒有那種一次就能讓地方戲劇性再生的活動。事業幾乎都是踏實、小規模的。當你看到介紹中出現過度美好的故事，或「一口氣就活化鄉鎮」這樣的句子，最好抱持懷疑。如果這麼容易就能讓地方再生，沒有人需要這麼辛苦。

換句話說，在觀察地方各式各樣的案例時，需要適當的懷疑能力。懷疑外部情報、轉換為自己的鄉鎮該如何做的思路，自行改正錯誤。我認為這種實際感受才是真實的。

現在，要打造一個能永續經營的地方，重要的不是大成功而是不要經歷大失敗。重要的是不隨其他地方的成功案例起舞，在自己的地方，傾注力量於一步步地誕生、一點一滴地培育踏實的事業。

07

被擊垮的成功案例

誰在妨礙成功者？成功地方靠自己的情報獲利

到此，我們描述了已衰退地方由於劣質地拷貝在全國流行的事業，或投入國家投入預算的事業，或參考不實的成功案例集而變得更加衰退。

然而，問題不僅限於此。還有一部分問題是民間累積努力獲得了成果，原本應該作為全國範本的事業，卻在後來被擊垮。

當談到「地方活化」，全國的地方政府、相關人員關注的，都是當時的「成功案例」。即使在嚴酷的環境下，一定有少數在地團隊會以嶄新方法累積並創出成果。這些「成功故事」與實績，會變成其他地方的「希望之星」。

然而，可悲的現實是，成功案例有時被當成「政策工具」，用了幾年後就被丟棄。舉著「為了將成功案例傳給所有人」的大旗進行的各種政府施政，實際上可能會成為當地的負擔，或長期下來造成該事業的衰退。

成功案例的「調查」事業只會讓第一線人員疲憊不堪

那麼，原本成功的事業，是經歷了什麼樣的過程而疲憊不堪呢？

首先，地方的踏實努力讓事業逐漸擴大，當成果出現，從地方新聞到全國性報紙開始紛紛報導，事業會更廣為人知。

到了這個階段，行政機關就會有「想將您的事業刊登在成功案例，請協助調查」的連絡。然後，「因為要製作案例集，請提供所需資料」。之後，確認製作完成的案例解說內容，修正後送回，成功案例集完成出現。

緊接著，希望刊登在各市公所成功案例集上的委託就會陸續出現。同一個國家的機關或智庫，卻不共有情報，讓地方業者忙於對應同樣的訪談。

在此的問題是，這些訪談基本上不會有調查協助費用。免費接待訪問，免費提供資料，免費確認。

而另一方面，前來調查的智庫等每年卻由政府支付數百萬到數億日圓的事業費用。辛辛苦苦做出成果的相關人士一分錢都收不到，而光是調查他們的委託企業卻獲得收入，這樣的「成功案例調查」至今依然存在。

這不光只是錢的問題，由於這些對應，第一線的人員浪費了許多時間。結果，能花在事業上的資源減少了。這就是「只會剝奪時間，換不了錢，還造成事業低迷的結構」。

搭「成功者」順風車的三種型態

如果只是被刊登在成功案例集上也許還不算吃虧，成功事業的關係者，隨後還要面對「視察參觀」、「演講」、「模範事業化」這「三種型態」的順風車結構。這是怎麼一回事呢？讓我們一一檢視。

⊕ 順風車型態一：接待視察參觀，讓成功事業疲於奔命

「請務必讓我們參觀成功的活動。」像這樣來自議會、地方政府、一般民眾的委託會增加。他們因為有「視察調查先進地方」的預算，會成群前往有話題性的地方學習。

被刊登在成功案例集後，這種「視察參觀」的委託一口氣增加。若有許多人來訪，也許可依情況收視察參觀費，或因為住宿、物產販賣等增加當地收入，但這些收入只是一時性的。

另一方面，原本用於地方活化事業的時間被占用。有不少「先進地方」會因這段期間忙於接待視察參觀，導致事業停滯，或陷入低潮。接著，成果低落就被丟到一旁，隔年大家當然又會去視察新的「成功地方」，簡直就是「火耕農業」般的行為。像這樣，成功案例在「視察參觀市場」被用過就丟。

⊕ 順風車型態二：演講會熱潮，導致成功案例領導人的缺席

這也是個嚴重的問題，地方的重要領導人（關鍵人物）被邀請到全國各地舉辦演講。在全國區域受到矚目後，大量委託進來，光是應付這些，在當地的時間自然會比以往減少。

是的，負責人應邀演講，對關係者而言是榮耀，此外本人還能收取演講費，因為「一次性的收入」落入口袋，容易就被優先處理。參加了演講會的人拜訪當地的效果，也無法忽視。

然而，在「演講會熱潮」期間，領導人持續在地方缺席，容易造成事業不振，不久後，若演變為「一邊持續惡化的事業，一邊重複空虛演講」的情況，就是相當悲慘。

事實上，成功案例會不斷更替，不可能有人永遠是「演講會寵兒」。演講會市場，也是拋棄式的。

⊕ 順風車型態三：「模範事業化」的「陷阱」

最後，也是實際上最應警戒的，就是這種來自政府成為「模範事業」的邀請。

所謂的模範事業，是由各部會編列預算，以成為其他地方「模範」為目的的事業，因為用了預算，當然，它的「成果」自然也會成為各部會的功勞。

因此，已做出成果的地方，會收到來自各地方部會「要不要當模範事業」的邀請。當然，其中也有純粹的支援，但大多數只是「想搭順風車」。

政策永遠都要能見到成果。只要對成功的地方投放預算，就能讓這筆「○○活化事業預算」看起來是有成效的。用於成功地方案例的預算，被用來掩飾「其他浪費的預算」。

另一方面，即使是成功案例，也沒有人的資金是充裕的，許多一步步賺取利潤、培養事業的地方，一口氣會被開出幾千萬～幾億日圓的預算。既能成為「國家的模範」，又能獲得預算，讓地方最後還是會接下。

「不合身的一次性龐大預算」會破壞實實在在累積起來的事業。舉例而言，因為有了預算，將以往自己努力做的事發包給業者，往往會做出華而不實的東西。

除此之外，無用而龐大的報告書製作、應付會計出納的檢查等，被許多與行政機關往來而產生的獨特作業追著跑。結果，事業低迷，要花費好幾年時間才能「回到」模範事業上。

即使是以獲利、取得成果而受矚目的成功事業，也會發生被採用為模範事業後本業虧損，淪為預算依存體質的情況。地方不是被沒錢擊垮，而是被「從天而降的巨款」擊潰。

遺憾的是，政策負責人想要的不是「〇〇地方變得幸福」，而是可用於政策的「成功案例」。

因此，只要不再是成功案例，該地方就會被捨棄，不被刊登在成功案例集，不再受邀演講，更不再是模範事業對象。同時，行政機關的負責人因人事異動而離開，事實可能就被遺忘。留下的，只剩辛辛苦苦發出的「芽」被摘下的地方。

我們不需要「情報落差事業」

問題出在哪裡？

調查業務、視察參觀、演講會、模範事業幾乎都是用稅金進行。這些活動的問題在於，它們不是為了地方而做，而是為了參與地方活化政策的行政機關、一部分委託企業而做。

活動，終究只是利用獲取成果與未獲得成果的地方之間的「情報落差」，在中間搾取利益。實際情況就是用了稅金將成功的案例一一擊垮，對後發的地方也造成損失。

地方活化，最前端的是現場，由走在最前面的先進地方自行傳播情報，向有興趣的人提供適當的情報就可以了。

現在以網路和各地方的第一線直接連繫、交換情報變得更容易。只要地方彼此交換情報，像案例集這種使用稅金讓一小部分企業謀利的情報落差事業，自然會失去生存空間，創造出公平的環境。

第一線將自己的事業匯集成資料，或將視察參觀收費化，將自身經驗獲得的知識明確定價。想獲取情報的人，也正式購入事業指南資料或視察參觀，對走在前方的地方人士的努力致上敬意，以「致謝」的形式形成對價關係，透過這種適切的關係，能讓成功地方以後發的地方所支付的代價為資本，投資下一個事業，讓先進地方的事業能持續成長。共同進行挑戰，彼此分享活動內容，在「能力所及的範圍內」付出代價，建立起這種關係，解決地方各種問題的智慧也會逐漸增長。

不要將重點放在一時性的注目，即使平凡依然持續踏實積累事業，讓情報從第一線直接發聲，地方事業勢必能獲得更好的發展。

第 1 章

項目的選擇 危險度 檢測表

01

- ☐ 參考了「成功案例」
- ☐ 在計畫中常用歸類於「經濟效果」的數字
- ▶ **正視當地經濟的現實與改善**

02

- ☐ 正在推進使用當地素材製造「特產」的企畫
- ☐ 正在加入當下具話題性的市場
- ☐ 沒有邀請「販賣者」與「消費者」，擅自推動計畫
- ▶ **開始做之前，先去「跑業務」**

03

- ☐ 認為只要有「品牌」，做宣傳就能賣
- ☐ 為了打造品牌，委託了顧問公司
- ▶ **不斷改正錯誤，變換販賣時期、販賣對象、販賣產品**

04

- ☐ 尋找其他地方有而當地沒有的東西
- ☐ 對當地擁有突出個性的人看不順眼
- ▶ **準備具有突出個性的項目吧**

05

- ☐ 自己不出主意，馬上去問別人
- ☐ 覺得不想被周圍的人看衰
- ☐ 比起成功，以不失敗為優先
- ▶ **先開始，以改正錯誤的方式持續修正軌道**

06

- ☐ 不到現場，以成功案例集作為參考
- ☐ 不知道當地過去發生的失敗
- ☐ 沒有看成功案例中的公司的財務報表
- ▶ **隨時意識第 71 頁中的「五個重點」**

07

- ☐ 協助各種機關的「調查」
- ☐ 對其他地方前來視察參觀的人提供免費服務
- ▶ **自己傳播情報，創造利益**

K市
物產中心

徹底利用資產，創造「利潤」

第2章 資產的運用

衰退的地方，經常出現資產運用不良的情況。最後，反而建造出越經營越虧損的事業。原本應該是為了地方活化而投資製造，卻經常成為「耗錢的東西」，而非「生錢的東西」。

舉例來說，為了增加觀光客，花費十～二十億日圓建造歷史觀光設施或自然觀光設施，再加上每年耗費數千萬日圓的維持費，簡直就是衰退模式的典型。大家誤以為有人潮就是活化，但結果是越多人前來道路越加磨損，顧客上洗手間用了更多水，垃圾也隨之增加，所負擔的人事費用也增加。然而，從觀光客身上可獲取的，僅僅是五百～一千日圓左右的設施門票費。

有人會說：「不光是靠這間設施賺錢，客人吃個午餐的話，也能賺錢啊！」然而，實情是在只有當地人會來往的地方，每間餐廳只賣大同小異的丼飯或定食，去到土產店，也都是賣些每個觀光地都能看到的糕點或餅乾。

觀光設施沒什麼看頭，餐廳平凡無奇，連土產都像是ＯＥＭ代工做出來的。客人來得越多，越耗費成本。別說賺錢，等於是投資在連成本都無法回收的事物上。

當你的目的是振興觀光時，必須思考投資在什麼東西上才能讓當地更賺錢，或得到更高的利潤。在觀光方面，比起觀光客數，更重要的是「觀光消費單價」，亦即最終的觀光消費金額。

「觀光客數X觀光消費單價＝觀光消費金額」

我在高中時代時，在早稻田商店會的觀光事業裡，以畢業旅行的學生為對象，製作出一套「在早稻田販賣地方產品」的販賣體驗專案。

在該項目中，先讓學生調查地方的農林水產商品，決定要賣什麼。在早稻田的郵局裡貼出他們在事前學習中所製作的海報。畢業旅行當天，讓他們親自去販售。所賺的錢，也由學生自行在網路上搜尋東京的非營利組織，約定拜訪時間，他們能在捐款的同時，接受組織的說明。

所投資的僅僅是桌椅和場地費用，再加上陪伴他們的打工人員的人事費用。這項體驗本身以一個人一千五百日圓的價格販售，因為是畢業旅行，一次就會有一百個人以上參加，一年可高達數千人。此外，周圍的店鋪也準備了針對學生的午餐，同時賺到錢。

不光是看得到的東西，也要考慮眼睛看不到的東西。同時，不是投資巨大而無法創造利潤的事物，而是持續投資即使小也有利潤的事物。這樣一來，地方才能確實走向活化之路。

01

公路物產中心

民間正視「市場」，來賺錢吧！

地方「資產」問題的象徵性設施

地方上，有種象徵「資產」問題的設施：全國各地可見的「公路物產中心（道の駅）」。

首先問大家一個問題：公路物產中心是誰建的呢？我想有許多人認為「是當地的民間業者，目的是買到當地特產品的便利商業設施，由當地業者自行投資、經營」。

然而，事實上約有八成左右的公路物產中心是由政府設置的，它們屬於公共事業。因此，銷售不夠努力，或建物本身過於華麗導致成本高昂，再加上「破產了政府會負責」的思維等原因，經營十分鬆散。在此，我們一起來檢視公路物產中心，究竟是否是「持續創造地方財源的引擎」。

熾熱的「公路物產中心」競爭，「輸家」成為地方重擔

公路物產中心是在一九九三年，由建設省（今天的國土交通省）創立了認定制度，一開始僅有一〇三座。而今日，有一〇九三座公路物產中心遍布在全國（圖表2－1）。發展至此，自然會有媒體爭相報導荷包滿滿的公路物產中心，也有完全失敗的物產中心。

人們期待公路物產中心具有「休憩」、「情報傳播」、「地方連結」這三種功能。話雖如此，實際上公路物產中心主要還是被當作道路幹線旁的商業設施，販賣地方產品，或作為觀光據點，目標是活化地方。換句話說，是以活化經濟、喚起消費為目標來經營的。

這樣一來，勝負關鍵自然是否讓消費者「想專程前往」，進而讓地方獲得利益。一個設施若是顧客不想使用，自然無法經營下去。儘管因為政府參與，讓公路物產中心具有公共性，稱頌其情報傳播、地方連結等功能，但實際上，公路物產中心依然受市場原理牽引。

終日往返於東京與地方之間的我，最近在地方開車時，看到公路物產中心一個接著一個出現，令人嘆為觀止。剛開始還是「能上洗手間、能休息的珍貴場所」，但隨著

圖表 2-1　「公路物產中心」登錄數量的變遷

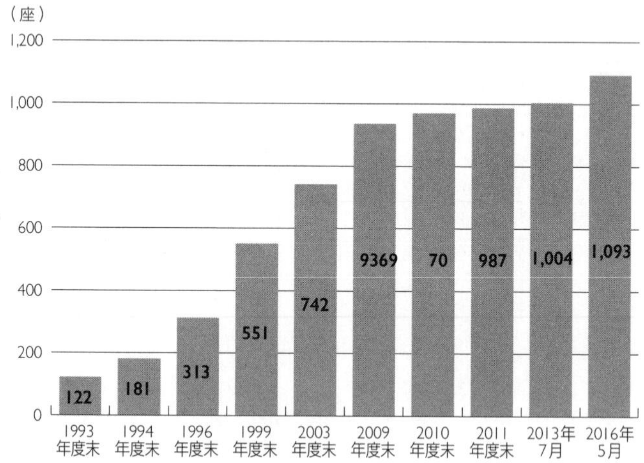

©（出處）日本國土交通省資料

許多便利商店也發現公共性能帶來客潮，於是也開放整潔的廁所，或販賣地方特產等，競爭越發激烈。

因此，逐漸出現了業績不振，持續虧損的公路物產中心。如果這是一般民間經營的商業設施，我們可以當成「不是所有事業都會成功，這是理所當然的」。但有地方政府參與，以稅金建設的設施一旦失敗，最終會演變成地方居民的重擔，更別說活化地方的目標了。

實際上，因為「再這樣下去就會破產」，地方政府為此編列特別預算出手援助，也有一些倒閉的案例。

即使是看似人潮絡繹不絕的設施，也不見得就沒有問題，有許多情況是背後花費了高額的稅金，從地方政府和民間地方整體來看，都已出現龐大虧損。

因為稅金的「○初期投資」所造成的「巨大扭曲」？

那麼，以「活化經濟」的名目由政府以稅金建設公路物產中心，再將設施經營委託給民間，這樣的模式所產生的問題點是什麼呢？在此介紹三大「扭曲」。

⊕ 扭曲一：駐店障礙降低，造成經營計畫混亂

公路物產中心，基本上的經營模式是由地方政府利用稅金開發設施，再依指定管理制度將建好的設施交給第三部門經營。

若是一般民間事業，建設設施的初期投資要回收，須從營運的銷售額中撥出，這是常識。然而，幾乎所有公路物產中心的初期投資都是依賴稅金建設。

因此，這一部分不必賺回來的前提，造成事業初期階段即使銷售不佳也能「經營下去」的環境。在此便產生了用大筆稅金建蓋的華麗建物，在經營上、銷售上卻採取低標準的扭曲情況。

有人可能會說：「政府幫民間蓋了美輪美奐的建物，做出以後不用太賺錢也能維持，這樣輕鬆的機制不是很好嗎？」然而，用稅金進行過度投資，投資的回收卻很「輕鬆」，這種情況本身就會降低相關人員的生產性。

結果，地方的生產性無法提升的原因就在於「損益平衡點扭曲，由於低水準被認可，造成低生產性也能維持的環境」。

由於被委託的第三部門營運者等，不努力改善銷售與獲利率，當地原本能生產的利益就會縮小。

也許「總比沒有好」。沒錯，但真正的地方活化，只能透過大家共同進行符合事業規模的初期投資，並為了創造更高的利潤不斷提升銷售水準與毛利這種「正面循環」而產生。

我無意鼓勵大家從事高風險的事業，而是若沒付出與風險相當的努力，也不用談地方活化了。光是追求「低風險，幾乎不用考慮生產性，過得去就好了」的經營環境，距離地方活化的目標也就更遙遠了。

⊕ 扭曲二：過度的設備投資

此外，還有更複雜的情況。若只是「○初期投資＝銷售提升的懈怠」，也許還好。實際上，連成本面也會產生負面效果。

由於是以行政機關為中心，目的是建設宏偉設施，很容易造出一般民間企業無法負荷的華麗設施。隨隨便便出手都是數億日圓，還有造價二十億日圓以上，同時設置了泡湯設施的案子。這種過度投資，正因為使用稅金才可能實現。就結果而言，這些設施變成在「地方政府的財政負擔＝市民的負擔、國家的支援＝國民的負擔」這樣的型態下成立。

同時，設計不一定由營運者負責，多半都是採設計歸設計，開發歸開發，營運歸營運的方式，從營運角度來看，常有花費鉅額建蓋的設施使用起來卻相當不便的情況。

這樣過度投資的設施，儘管看不到維修成本，但實際上維修卻是由營運所產生的利潤中提撥，或是靠地方政府編列預算維持的。結果，好不容易才賺到的營業額，扣除高額的維修費後，利潤少得可憐。理所當然地，若是由地方政府編列維修預算，在另一端，也會造成財政惡化。

一般的經驗是，設施從建設到拆除為止的「全生命週期成本」，會是建設費用的四～五倍，絕不容小覷。換言之，比起華麗設施的建設費，其維修費更加昂貴。這種看不見的成本，會侵蝕事業的利潤。

即使因為銷售目標不高，事業乍看能維持，但成本上因過度投資影響到營運，高昂的維修費，造成利潤微薄。因此，公路物產中心事業即使表面上看起來生意不錯，但很少進入「在當地創造出巨大利潤，持續再投資」的理想循環。

⊕ 扭曲三：因政府主導而生的民間的「依賴」

除此之外，還有隱藏性的問題。那就是「事業主體是政府」，從初期階段就開始依賴政府的結構。

被委託營運，或是出貨給物產直銷中心的業者，對事業的責任意識容易變得薄弱。結果，由於最終責任在地方政府身上，就生出「我們是承接政府事業，來經營設施的」、「受到邀請，所以將商品出貨給物產直銷中心」這種民間方「被動姿態」結構。

不只是初期投資，一旦經營遇到困境，業者也會向政府尋求援助。此外，若產地直銷中心的銷路不佳，農家覺得「就算出貨也賣不出去」，於是開始不再送貨，直銷中心的經營將更加惡化。

由民間經營、會賺錢的市場，和公路物產中心的差別在哪裡？

到此為止，我們分析了公路物產中心的結構問題，那麼該怎麼辦呢？為了找出答案，我們可以把它與民間用自有設施來販賣當地農產的岩手線紫波鎮「紫波市場」做個比較。

用一句話來形容「紫波市場」，就是「產地直銷中心＋肉店＆蔬果店」的複合業態。他們循一般方式從商業銀行貸款，建造設施，並成功獲利經營。成功的原因在於從整體的事業計畫回推每坪的建築費用，須壓低在一坪四十萬日圓以下，以及事先招募農產品的進貨農家，收取進駐費用，也因此募集到的全是鬥志高昂的店家。

大家或許還不知道，事實上有些產地直銷中心為了獲取補助金，須遵守當地產品占一定比例以上的規則，一到冬天當地幾乎沒有能進貨的商品，賣場因此變得冷冷清清。

然而，紫波市場因為完全自行營運，也就沒有如此限制。冬天可以從九州等地進貨充實賣場，因此整年都能穩定經營。可以說，就是因為開發設施、負責營運，以及負責事業責任的都是民間企業，因為在一貫的體制下營運，才有的成功。

除此之外，光靠產地直銷販賣不夠穩定，因此也讓當地的魚店與肉店進駐。自主

紫波市場

民間運營的「紫波市場」。不光是紫波鎮居民，許多周邊的市及村鎮居民也前來尋求新鮮又便宜的生鮮食品。

經營的事業，銷售比預測高時能獲利，但相反的話則是完全沒有利潤，店租收入某種程度是可預期的安定收入。藉由這種的安排，對於資金調度時金融機關注重的事業穩定性，也有了確實的保障。

同時，魚店與肉店的進駐對顧客來說，不光是當地的蔬果，同時也能買到魚肉類，提升了便利性，對產地直銷的營業額也有正面影響。結果，紫波市場的銷售額第一年是三點五億日圓，到了第四年，就超過了五億日圓。

能在地方上創造經濟的，不是政府，而是民間。反過來說，只要民間還維持著「所有花費都靠政府出錢」的姿態，一個地方就無法活化。同時，政府也必須認識到，「只要用稅金援助，地方就能輕鬆辦事業」這種過度自信會讓沒有支援下也願意從事創業的人逐漸從地方消失，招致更大的衰退。

「民間參與政府」能夠實現嗎？

本來，在建設商業設施時，即使由政府來整治廁所等公共機能，基本上也應由民間來活用設施旁的優勢地位，思考事業內容，由利潤往回推算出設施規模，調度資金來經營。

當然，我自己也在地方上進行融資、投資與創辦事業，所以我非常清楚並不是所有事業都能在這個模式下順利營運，有些地方在環境地理方面確實面對較多困難。然而，難度高不代表不可能，我們還是可能藉由自己的努力，以收入來倒算，讓事業成立。

在能確保高收入的情況下，可以投資「一坪八十萬日圓」來整備設施；但在無法期待相當高的收入情況下，就須以一坪二十～四十萬日圓，亦即和民房同樣程度的建築費用。這種情況相當普遍，最近也常有將既有建物改建的案例。

有些情況，連以上的預算都沒有，有些物產中心是用臨時的帳篷開始事業。因此，如果不先考慮收入，就在地方蓋個像公路物產中心一樣的華麗設施，自然而然需要動用到稅金。

地方無法活化並非「沒有錢」，而是「沒有智慧」。這是貫徹地方創生的主題，接下來我也會不斷地重複。

過去我參與的企畫案中，也有幾次是在初期階段仰賴政府支援，在此前提下開始事業的。然而，在磨合過程中，民間的事業規則與政府的計畫之間出現無可避免的落差，成果因此也就縮小了。

正因如此，我認為，儘管一開始會吃許多苦頭，但由民間徹底思考並實踐才能確實收穫扎實的成果。

無論凡事靠政府支援，「沒有支援就無法努力」的依賴心會增強，無法自行展開事業，民間原本擁有的力量也因此不斷流失。

類似公路物產中心的產地直銷行業，也有民間能做出確實獲得利潤的商業設施。若是以「政府支援」為前提進駐公路物產中心，就可能會摘掉這樣的新芽，變成「打擊民間事業」。

地方上，由於沒有創業人才，「先由行政機關負責努力投資」這個說法很容易被理解接受。然而，卻出現了政府越是努力，民間就越依賴政府的矛盾，這也是地方創生事業的困難點。

外表看不出來，乍看之下屬於民間的事業活動，但實際上是由政府支援，以看不見的形式造成地方的生產性低落，這種情形十分地矛盾，而其象徵就是公路物產中心。現在，重要的是將公共角色與民間角色畫出一道清楚的界線，雙方保持一種散發出緊張感的合作關係。

02

第三部門

引爆衰退危機的「活化炸彈」

鎖定一目標，由小處開始，培養壯大吧！

一直以來，地方開發的「資產」，並不僅限於設施。以往地方政府投資鉅額稅金所設立的「第三部門（The third sector）」法人，也是「資產」的一種。所謂的第三部門，即是地方公共團體以某種形式出資或派遣人才，所成立的事業體，這樣的事業體在日本全國共有七六〇四個（二〇一五年三月當時數字，根據總務省調查）。

這些事業體所參與的案件中失敗不計其數，別說地方活化了，經常是地方衰退的原因。讓我們一起來看最具代表的例子，也就是南阿爾卑斯市的案例。

南阿爾卑斯市，開業短短三個月就陷入破產邊緣

二〇一四年，南阿爾卑斯市被國家認定為「地方活化綜合特區」，開啟了地方活化事業。其中包括開發大型觀光農園，從農產品的生產、加工、流通都一手包辦，屬於

圖表 2-2　第三部門的實態

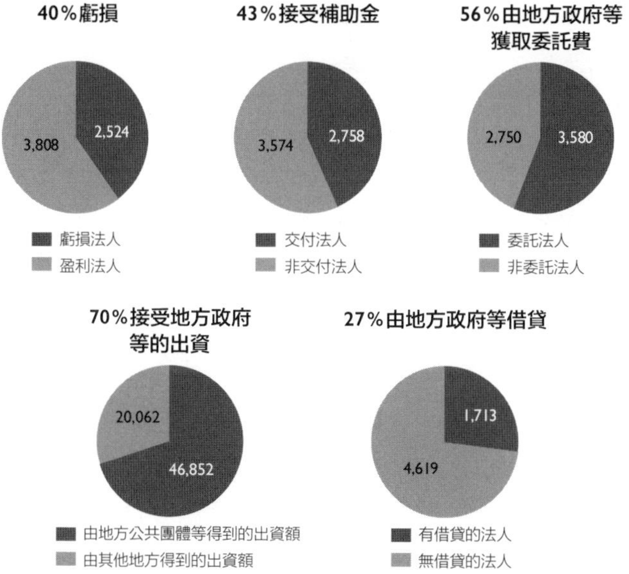

©（出處）作者根據總務省「關於第三部門等狀況之調查結果概要」製作

現在流行的「農業六次產業化」的大型事業。該市還成立了名為「南阿爾卑斯製作」的第三部門公司，至今挹注了八億日圓。然而，開業僅僅三個月，就面臨了破產危機，在當地造成大騷動。地方政府為了援助進行緊急融資，卻不見成效，二〇一六年一月二十五日停止營業，宣告破產。

這不僅限於南阿爾卑斯市，全國各地有同

樣問題的第三部門不計其數。實際上，第三部門的事業體當中，有60%盈利，40%是虧損的（圖表2-2）。

光看這項數據，「40%虧損」不值得表揚，但「60%盈利」也無法稱是「經營順利」。實際上，整體約43%是由地方政府編列補助金，約56%從地方政府得到委託費，只是因為政府的支出顯示出獲利。此外，從二〇〇四年到二〇一三年進行債務清算的第三部門，就高達兩百個法人。然而，數量龐大的第三部門依舊出現重大問題，可說形成了地方公共團體的重擔。

第三部門失敗的「三個共通點」

有些第三部門擁有地方政府的全力支持，但這樣的第三部門更容易重複重大的失敗，其中有三個共通點。

⊕ 共通點一：一個第三部門事業，能成為萬靈藥？

傾盡地方全力的事業當中，由於地方政府的參與，有許多被期待能「一口氣揮出逆轉全壘打」為了解決當地課題，在該項事業中設定了多項政策目標。

來看這些典型的第三部門事業的計畫，可以發現藉由這項事業，想要「讓當地產業活化、觀光客增加、地方商品大賣、人口增加、財政改善、年輕人的雇用也要改善、老人能充滿活力、教育程度提升……」，盡是這種能夠解決所有問題的「萬能計畫」。

其實，事業需要的首先是設定目標，作為其結果政策課題也能同時解決。要以解決多數課題為目標，且事業獲得成功，這樣複雜的事並不容易。

一邊期待能開發商品、提升銷售，同時又要求要「解決年輕人雇用」和「人口增加」等問題。

如果提出了這樣的事業計畫，目標過於多元，反而連事業的目標是什麼都變得模糊了。此外，事業目標和政策目標混淆一起，別說一箭雙鵰，可能會造成「事業失敗，政策也失敗」，最後兩頭落空。

⊕ 共通點二：被「當地共識」與「制度限制」束縛，忽略市場

傾地方政府全力推進的第三部門，由於投入了高額稅金，議會、政府、市民參加型的委員會等，會以形成共識為優先。此外，也因為經常使用國家的補助金制度，產生了諸多限制。

由於使用了稅金，這些看來是合理的，然而就事業來看卻非如此。這是因為，事

業的內容居然不是讓「顧客」來決定，而是依循「當地共識」和「制度限制」而產生。

原本，新興事業的自然型態，應該是先小規模生產新商品，透過活動等提升銷售，再依照規模發展，進展到設備投資的階段。

然而，在「傾地方全力的活化的王牌事業」當中，不夠華麗的樸實計畫反而無法得到當地共識。「難得拿到了補助金，能用多少就用多少，事業做越大越好」，背後是這樣的意見，每個人擅自加入自己的期望，越畫越大的事業藍圖成為最後的共識。

就結論而言，第三部門的事業是在完全沒有營業成績的情況下，先以巨額投資進行設備開發。然而，實際上事業是根據市場原理運轉的，就算在議會中被承認，透過制度獲取了補助金，卻不能保證得到關鍵的消費者支持。如果不具備比競爭對手的服務更強的優勢，經營馬上會受阻。結果，誇大的投資成為巨大損失，造成地方更加衰退。

⊕ 共通點三：計畫是外包，資金調度也交給「地方市公所」，失敗了還尋求援助

一般而言，所謂的事業應該是靠自己動腦思考，以自己手上的、從投資者和銀行獲得的資金，在有限的資源中朝向成功而努力。

而第三部門也是，作為獨立的法人，原本必須由自己組創事業，調度資金，成功與否也須由經營團隊負起責任，現實卻不一定是如此。

沒有創業經驗的官員擔任理事，計畫製作外包給顧問公司。資金調度不只領補助金，還直接從地方政府借貸，或是以出現損失時由地方政府補償的條件接受銀行的融資。

這些第三部門原本應該要負起經營責任，卻多半由不負管理責任，或沒有創業經驗的人來運作。因此，就算要外包，連要委託給誰也毫無頭緒。他們認為即使出現損失，最後地方政府還是會買單，在這種「環境」下，事業並無法良善經營。因為，無論是事業或資金，所有的責任歸屬都不明朗。

最糟糕的是，就連失敗後的重建計畫也要委託其他顧問公司。在「不能讓它倒，倒了就糟了」的聲音下，地方政府開始不甘不脆地繼續提出救濟案。在這種情況下，第三部門的失敗不以倒閉告終，反而得到更高金額的援助。

像這樣，「勉強設定多重目標」、「當地共識＋制度限制」及「計畫外包＋市區公所的資金調度」的第三部門，不僅無法幫助地方再生，最後可以說經常無謂地損耗了當地財政。

從失敗中學習「積小為大」的鐵則

從這些教訓當中，我們可以看到地方事業必須留意的事情其實非常簡單。

希望透過事業達成的目標，鎖定一個

從小處累積，銷售成長再逐漸擴大投資規模

成立事業由有業務能力的人經營，政府不參與資金調度

以上三點是基本原則。

舉例來說，小田原市的「小田原柑橘俱樂部」的事業就非常值得參考。他們以當地生產的柑橘為原料，製造汽水、冰沙、羊羹等商品，希望改善農業與加工業者的收入。這項企畫完全由民間主導，不依靠政府預算，從幾個懂經營的民間人士展開，目前持續成長。

這項「積小為大」的企畫，其實來自在江戶時代後期引領了六百個農村重生的小田原出生的偉人二宮尊德。所謂積小為大，指微小的事物越累積越能壯大，大卻無法生小，如果弄錯順序，事物就會扭曲。這個教訓今日依然通用，多麼厚重的教誨。二宮尊德留給我們的這項教訓，在第4章會有更多說明。

03

公園

「這也禁那也禁」造成地方荒廢
從公園開始，改變「這一帶」吧！

地方擁有的資產中，能因活用方式不同而大幅提高價值的，「公園」算是代表選手了。一直以來，公園只在既定的法律條例下，用稅金樣板式地建造，並用稅金維持。然而，如果能善用，公園其實擁有巨大的可能性。

地方上，想要活化「某一特殊區域」時，個人等民間持有的自家住宅與事業資產（如大樓或田地），與政府持有及管理的土地或設施一起思考「如何有效活用」已成為課題。

日本的公園很愛「禁止」，變成什麼都不能做的空間

儘管如此，日本的公共資產，依照戰後一貫的「在排除的基礎上成立的公共性」而設立。這是什麼意思呢？換言之，只要有一部分人反對，政府就會接受這些反對意

某公園的告示牌

有大量的「禁止項目」

見，禁止再禁止，最終「確保了誰都不會有怨言的這種公共性」。

就連委託著名建築師設計的公共設施，入口處都擺滿「紅色三角錐」，牆壁上也貼滿「禁止○○」的宣傳海報。其中，公園中有許多遊戲方式被禁止，什麼都不能做的公園越來越多了。

原本是為了讓更多人利用而建造的公園，卻演變成「禁忌一堆」的悲傷情況。這樣的禁欲空間無法地方活化，反而會讓地方荒廢，甚至成為剝奪周邊區域價值的空間。

我們今後在思考地方活化時，不是只用這種「減項評價方式」來看待公共財產，更要以「加項評價方式」來思考公共財產的存在意義。

也有從公園誕生的上市公司

現在日本已經有以「加項評價方式」運用公園的地方，接下來介紹其中具代表性的三個場所。

大家認為夏天時日本最舒服的喝啤酒公園在哪裡？我認為每年在札幌大通公園所舉辦的「啤酒廣場」，是日本第一。

這裡，每一個街區都分別有日本的札幌啤酒、朝日啤酒、麒麟啤酒、國外啤酒公司等爭相布置的大型啤酒廣場，人聲鼎沸，好不熱鬧。傍晚以後，客人會從啤酒廣場流向城市裡的餐廳。此外，各企業支付的場地使用費，會成為行政機關的社會福利財源，被加以活用。

富山市的富岩運河環水公園，風景壯觀，市民的接受度卻是一般。然而當星巴克咖啡在此開業，於二〇〇八年獲得集團主辦的店鋪設計獎大獎後，一躍成為「全世界最美的星巴克」，聞名遐邇。

公園成為當地居民會欣然造訪的場所，之後法式餐廳也在公園內開店，最近還有時髦的服飾店也在附近開業，區域整體的形象逐漸提升了。

布萊恩公園（Bryant Park）

紐約市實施公園管理的公園之一。二〇一四～二〇一五年冬季，美國金融巨擘美國銀行（Bank of America）購買了公園的部分營業權，經營溜冰場。

位於岩手縣紫波鎮OGAL設施的OGAL廣場，使用上也特意不以在法律及條例中規範較多的公園，而是設計為「廣場」用途。不僅有綠地，還有休憩空間、BBQ等火爐設備，周末時相當地熱鬧。

在美國，這些活動已成為「常識」。紐約市在近十年來，由相當於日本地方政府的公園綠地課的「公園管理」積極地推進「公園特許權」（特許權為執照或營業權）。

所謂的公園特許權，是拍賣公園一部分的營業權，藉由收入提升公園品質。

在紐約市裡規模相對較小的麥迪森

廣場花園（Madison Square Garden）裡，進駐了以有機和社群為概念的「Shake Shack」漢堡店，經營該店的企業亦是透過競標得到公園特許權，由於買氣驚人，他們在周邊地區陸續推出分店，最後在二〇一五年一月在紐約證交所上市。

因為出售給這些企業的特許權，紐約市公園管理增加了國家收入，能以稅收以外的財源在一年四季管理花木、整備兒童遊樂器材等，充實公園管理。

若不是「沒賣相的商店」，而是由一些高品質的店家進駐，能提升地方整體的價值，增加國家收入，公共服務也因此變得充實，產生了良性循環。

從「日比谷公園」與「松本樓」的關係，學習明治時代的智慧

剛才誇讚了紐約市的作法，但事實上舉這個案例並非是我們一定要向美國看齊。重視事業性同時充實公共資產的智慧，從以前就存在日本。舉例而言，就是位於東京千代田區，無人不知的「日比谷公園」。

以現代的西方公園為標準而建造的日比谷公園（一九〇三年開園，約十六點一萬平方公尺），從開園起就整修了西式花壇、餐廳、音樂廳。各位知道園區中自開園以來

就有「松本樓」這間法式料理老餐廳嗎？

這間餐廳由小坂梅吉以個人競標得到，現在仍由小坂先生的子孫經營著。明治時代東京市的公園獨立收益性很高，除了如松本樓這樣的店家競標，還有水池的小船租借、音樂廳入場費等多元收入，藉此回收建設和營運上的成本。

活用公園，管理地方整體

這不單是出於財政上的限制，像歐洲的公園一樣，這樣的作法能讓許多市民感受到公園設置優良餐廳、咖啡店、戶外音樂廳所帶來的附加價值，達到公共財能同時提升周邊地區價值的目標。

事實上，在思考公園的活用時，真正重要的是像這樣以公園為中心來管理整體區域的觀點。

舉例而言，有種手法是將公園周邊道路包含在內，進行整體運用。在交通流量不是太大的前提下，限制車輛進入，讓面公園的店鋪能展店到道路上，營運「露天咖啡座」。同時，也拆除公園的圍牆或護欄。

連前方道路都能用於營業，眼前是綠意盎然的公園，再加上依照不同季節，有各式各樣的活動舉辦，進駐的店家種類改變，周邊店鋪的租金應該也會提高。換句話說，就是能製造機會提升不動產的價值。

對地方政府而言，不動產價值提高，能獲得的固定資產稅也會增加，只要從增加的稅收，回收整治需要的成本就可以了。

簡單來說，地方政府是以「合法的方式提高場地費用」，這樣的舉動，只有地方政府能做到。

民間使用公家資產，改善公共環境的時代

現在，日本與地方政府所保有的不動產價值，約有五百七十兆日圓（日本國土交通省發表）（圖表2-3）。

由於至今為止，公共相關的資產都是「用稅金建造，用稅金維護」，因此很少討論如何積極活用這些資產。

然而，在縮小型社會中，財政困難使得公共財產的管理預算逐漸縮減，排除市民特定利用的公共空間營運方式也將宣告終結，需要將目光轉向新的公共資產活用方式。

圖表 2-3　公家不動產的規模

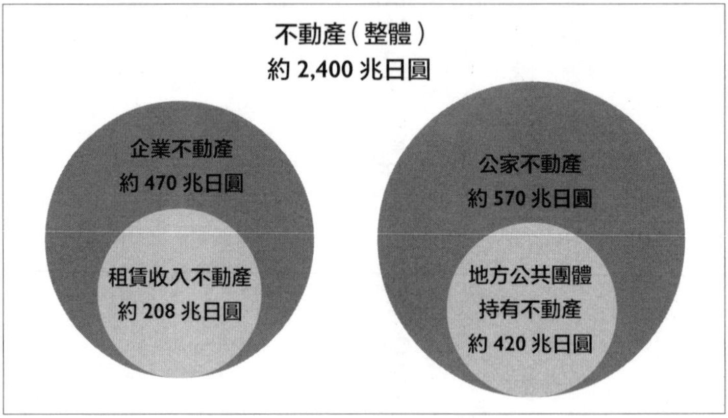

©（出處）利用不動產證券化手法等活用公家不動產之檢討會第一回資料

光是公園這一部分，還有許多改善空間。

而另一方面，說到民間活用很容易就走向指定管理的手法。這是將整體業務委託給民間企業等的制度，就可能變成整包被外丟。這樣下來，結果只是稍微地減少了政府的支出，沒什麼意義。

說到頭來，民間企業想利用部分公共資產，最理想的方式就是透過競標方式，支付適當的租金與管理費給政府。更進一步來說，政府需要設定可以連帶提升周圍地價、透過固定資產稅增加稅收的目標。

政府則將這些稅收活用在造福更多人的公共服務上，這種型態，可以說是正常的政府與民間的關係。

當然，並不是說所有的公共資產都應該事業化活用，五百七十兆日圓的資產當中，如果其中一成，約六十兆日圓能有效活用，公共服務就可能會更加充實，成為地方經濟活化的契機。

藉由重新檢視以往的公共資產營運方式，即便是人口縮小社會，也不需放棄公共資產的管理或服務維持，甚至能擁有更多發展的可能性，不是嗎？

04

認真的人

無法活用資產的「常識人」

「過去的常識作法」也是今日的常識嗎？

到此為止，我們整理了「公路物產中心」、「第三部門」、「公園」等地方資產的問題與可能性。這些資產雖然有問題，但也有改善的途徑。

但是，為什麼明明知道卻做不到呢？為了解箇中原因，我們必須去思考「拘泥在過去常識作法」的地方上認真人士的問題。

話說回來，為什麼目的是讓地方活化，結果卻出現了堆積如山的「各種失敗企畫」呢？正如本書揭曉的，這是由於將人口擴大社會中做出成果的方法，原封不動地用於人口縮小社會的現在。

「常識」與「認真」的業務，導致地方的衰退

支撐著這種結構的，是地方的主要組織裡，遵守著過去建立起來的常識、每天不

為所動地執行業務的「認真」人士。

許多日本人被教導要遵守集團內的常識，一絲不苟地執行每天被交付的業務。這種思維不僅限於地方。

然而，光是「認真執行」，無法讓人從根本上去懷疑至今遵循的規則，無法自己起來動員周圍的人，進行組織性修正。

就結果而言，儘管社會環境劇烈改變，用過去的方法經歷了無數失敗，大家仍然持續和過去幾乎完全相同的活動，於是造成衰退加速。

二〇一五年日本全國的地方政府所制定的地方創生綜合戰略，是關乎我們自身的未來，十分重要的一項計畫。然而政府卻以「人手不足」為由，採用與以往相同的外包「知名顧問公司」的作法，討論中充斥著似曾相識的事業內容。

在人口急減社會裡「認真」會導致重大失敗

所謂常識，是大家都知道的方法或制度；所謂認真，是把記憶中的程序毫無置喙地迅速處理。許多地方至今仍徹底執行二者，卻已經無法獲得成果。

說起來，在擴大型社會當中，地方只要以中央制定的制度為基礎，委託顧問公司

形同廢墟的再開發設施

投入大筆稅金再開發，入駐商店卻遲遲未決。產權所有人也因為有稅金補助店租，尋找進駐店鋪的動機低落。

制定計畫、傾聽當地的希望、接受擬定好的預算，執行後再向中央報告。地方，只要模仿城市的作法就好。這些有常識、一絲不苟的工作，能期待一定的成果。

然而，當人口急增社會過渡到人口急減社會，所有的前提都會產生變化。首先，人口在地方逐漸減少，中央無法掌握狀況也無法找出解決方案，因此持續將傳統的政策推給地方。而地方，也不斷努力實踐過去的常識作法，因此重複著荒謬的失敗。

投入了大量稅金卻變成廢墟的再開發設施，整地完成卻被放置不管的工業用地，未被使用的壯觀農業生產加工所，這些都是認真執行過去的常識作法的典型結果。為了地方活化，投入龐大稅金，卻造成當地經濟與財政的重擔，加速了衰退。

地方活化企畫的失敗，不是因為推動了非常識作法、不夠認真，反而是沿襲了過去制度與政策的常識作法，大家每天都認真執行的結果。

正因為如此，問題的根源很深。

地方應「打破常識」

那麼，應該怎麼做才對呢？地方必須做的事，有以下三項。

⊕ 打破常識的作法一：和其他地方做不一樣的事，開闢需求

迎向人口急減社會，今日的地方活化所需要的，是做和其他地方不一樣的事，能「開闢（創造）需求」的事業。

在人口急增的社會裡，面對資產不足，當時的課題是「如何迅速供給」。然而，如今面對人口驟減的社會，留下了過剩的公共基礎設施、不動產，甚至出現了削減過剩的討論。問題在於供給的時代，和問題在於需求的時代。既然供需關係的前提已然改

變，若我們依然被過去的常識作法牽引，會失敗是理所當然。

⊕ 打破常識的作法二：拋棄只剩下認真的「過程評價」吧！

一般而言，認真執行業務的人不容易被批評。只要被認為「那個人很認真在做事」、「他很拚命」，在組織內的評價就會提升。

當然，我們不是說要不認真，但無論結果，大家認真執行被分配到的業務、沒有舞弊就能得到評價，這樣的型態對狀況嚴峻的地方而言，是無法完成地方活化目標的。

不評價結果，以「妥協的關係」為基礎的過程評價體制，會放任企畫的失敗，無法喚起反省，也會導致下一次失敗。只是，對於已經習慣這種「相互依存的評價方式」的人而言，要打破這套制度，轉成重視成果的業務方式，形同背叛，是很難做到的。

放任這樣的「一流過程，三流結果」，地方於是漸漸衰退。

⊕ 打破常識的作法三：不把變化視為「非常識」、「不認真」，不去打擊

在活化新事業中，越是重視常識作法、認真執行業務的人，對於非常識的新做法或是必須改變的業務，反彈越大。

將嶄新的活動或作法視為「非常識」和「不認真」，另一方面列出許多「無法這麼

做的理由」發言聽起來像個現實主義者，其實對新作法有許多誤解。除此之外，在組織內外，也有不少團體會去妨礙、打擊嘗試新挑戰的人。

地方上難能可貴的新活動受到打擊，之後呢？結果，就只剩下認真執行過去的作法的人，這是令人悲哀的結果。然後，衰退便持續下去。

「靜靜下決斷的領導者」與「自己思考的實踐者」二者的合作非常重要

要擺脫受過去的常識作法束縛、只是認真執行業務的狀態，需要組織領導層的大決斷，與現場的小成果的累積。

有些時候，我們會看見有的獨裁改革者謳歌改革派，以華麗的舉動吸引媒體報導，實際上對於最終成果並未負起責任。然而，那些事業往往不會長久。這是在說企業，也是在說政府。

所謂的變化，一開始是從一部分開始，但最終是否能被地方或組織理解，進而擴散到多數人是很重要的。正因如此，領導者必須不厭其煩地說明，遵循手續進行修正，讓每個實踐者都能實際感受到變化，讓人看到一個接一個的成績。

這樣一來，一開始被認為是非常識的事物，也能透過說明被理解，同時若能累積小的成功案例，就能轉變為新的常識。剛開始，在推行手法上被視為不認真的事，也隨著不斷地重複被認同，這才能連接到真正的變化。

安靜的改革者，與推動細小的累積的實踐者，二者之間的合作會打破過去的常識。想要革新認真但不會帶來成果的做法，這是必要的。

現在，地方所需要的不只是繼承過去的作法，不是認真的人，也不是譁眾取寵的獨裁改革者所帶來的短暫變化。創造出不拘泥於過去、符合新時代的「常識」，樹立能真正收穫成果的「認真的新定義」，才是地方需要做的。

那麼，如何提出這樣的事業呢？接下來將解說實例。

05

OGAL PROJECT

靠「民間建的公共設施」提升稅收與地價

「黑船來襲[1]！」最初批評不斷

活用地方資產，不受過去常識拘泥，進行安靜的改革，真有這樣的案例嗎？現在日本越來越多政府與民間合作，讓地方的不良資產轉換成賺錢資產的案例，其中一例是岩手縣紫波鎮的「OGAL PROJECT」。

所有的公共設施都得靠稅金建造嗎？

「稅收減少，因此要削減公共設施」。站在成熟化或因為人口減少而稅收不樂觀的地方政府角度，這個意見乍聽很有道理。

1 一八五三年美國東印度艦隊司令馬休．佩里領船扣關日本江戶灣（今神奈川縣橫須賀市），此事件讓日本幕府結束了鎖國時代。

而實際上，這種想法是在「所有的公共設施都必須以稅金建造，以稅金維持」的前提下才有理。

在人口減少、內需降低的今日，不能只是根據收入來削減公共設施。相反的，重要的是改變「全都要靠稅金」這個束縛了公共設施定位的前提。

實際上，岩手縣紫波鎮成功做到了這一點。此地從東京搭乘新幹線與地方電車需要約三個小時，人口約三點四萬人，被盛岡市和花卷市夾在中間，是以農業為主的小鎮。

紫波鎮原本的財政基礎就十分脆弱，又在一九九七年為了集中各公共設施和住宅，耗費二十八點五億日圓巨款，在小鎮中心的車站（紫波中央站）前購買了十點七公頃的土地。

然而，現在回去看會發現，那年正是稅收的高峰。隔年起稅收開始減少，這點讓開發計畫受挫。換言之，也就是買了土地後無法籌到設施的建設預算，情況非常不樂觀。再加上決定此事的鎮長在選舉中失利退出了陣營，新鎮長（當時是藤原孝鎮長）的判斷是貿然開發會造成更大的虧損，因此該土地十年來都被當成全日本最貴的「棄雪場」來使用。

光是聽到這樣的狀況，任何人都會想舉雙手投降，惡夢一般的事業，萬事不備。不過，包括鎮長在內，相關人士並未放棄。他們作出決斷「放棄由市公所來開發，交由民間，作為公民合作事業來推進」，制定了紫波鎮公民合作基本計畫，該企畫命名為「OGAL PROJECT」。在被當作棄雪場的土地上，興建咖啡店、市場、育兒支援設施、圖書館、運動場、旅館、新的鎮公所，甚至是先進的環保住宅等，這是一大再生計畫。

「怎麼能交給民間？」「政府放棄責任！」起初批評聲浪不斷

推進OGAL PROJECT的大前提，就是「既然政府沒錢，就轉為民間開發，從金融機關調度資金，同時開發公共設施與民間設施」的方針。

一開始，當地陸續出現了「從沒聽過這樣的開發形式」、「政府放棄了應該做的事」、「世上沒有這麼好的事」的反對論調。

但是紫波鎮的政府與民間團隊並未放棄，他們繼續推動企畫。

行政機關將原本決定的都市計畫，不猶豫地從根本推翻。這在平常是不可能的。但也因此，調整出民間可以投資的內容。而民間也下定覺悟，不依靠補助金或津貼，一邊尋找店家，一邊持續與金融機構溝通調整，成功調度了資金。若不是確實能償還的＝能盈利的事業，金融機構就不會進行融資。也正因如此，配合這樣的標準能讓地方事業變得強大，行政機關、民間團隊都會思考，議會也會確切支持其決策。

如前述，紫波鎮人口僅有三點四萬人。在推進計畫時，需要想法的轉換。其中的代表就是位於計畫的核心設施「OGAL PLAZA」當中的圖書館。

這一點很重要。圖書館雖然屬於帶有公共性的設施，但從民間觀點，就能把它視為一個「大型集客裝置」，轉換了想法。

如果地理位置偏僻，店家也不會想要進駐，但若是像這所圖書館，每年有十萬人以上造訪，就能吸引店家在這樣的設施內設點進駐。既然如此，作為主要設施的圖書館免費開放，再吸引能把訪客化為顧客的咖啡店、診所、生鮮食品店。也就是從民間店家收取租金與管理費，藉此盈利。

同時，以這些收入來支付圖書館的設施維持費，也支持了公單位。這可以說，是把公家與民間之間的支持、合作，事業化了。

該設施，中央是以圖書館為中心的情報交流館（中央棟），兩邊緊貼民間事業棟

（東棟・西棟），開發出一體化的公民合建設施「OGAL PLAZA」模式（圖表2－4）。

圖表 2-4 OGAL PLAZA 整體圖

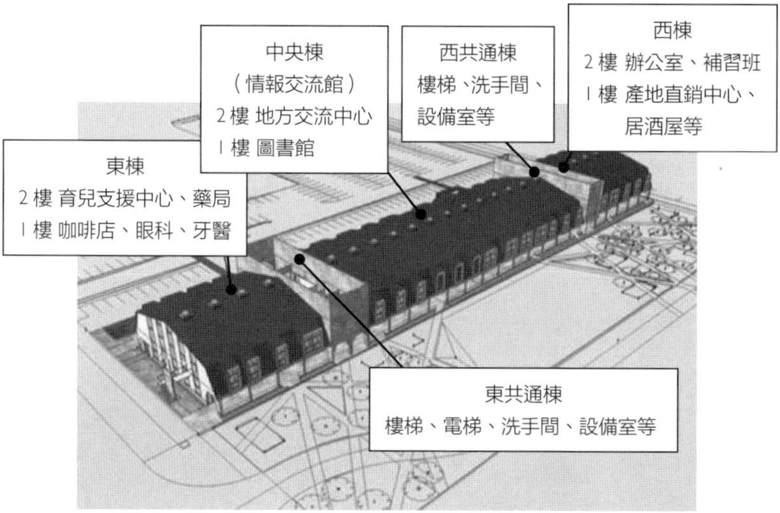

為什麼在地方政府的主導下，開發設施會失敗？

我們敘述了「OGAL PLAZA」的故事，但至今為止，也有許多地方政府將「公共設施」與「民間設施」一同開發，卻幾乎都以失敗告終。用一句話來說，原因就在於用了開發公共設施的手法，來建造民間設施。

請看圖表2-5。我整理出「地方政府和政府開發」，以及「民間和金融機關開發」之間的差別，這個差別非常重要。

首先是預算。地方政府・政府進行的開發，「從一開始就是預算導向」，前提是金額全部用完；另一方面，由民間・金融機關進行的開發，則是製作收支計畫，只在能夠償還的範圍內投資。

時間表上也有差異。被預算年度束縛的地方政府・政府，開發會因為「必須在三月底前用完」等理由，在還沒有依照計畫找到進駐店家前，在建設面就發生扭曲。相反的，民間・金融機關的開發，不會產生這種扭曲現象。沒有按照計畫進行的話，金融機關就不會掏錢，建設無法繼續。

設施的規格也不同。地方政府・政府的開發，由於牽涉到各界相關人士的想法，設施容易傾向過於華麗。而民間・金融機關的開發則是以「償還計畫」為最優先，訂出與實力相符的規格。

像這樣，民間・金融機關的開發事先接受了「市場嚴格觀點」的檢驗，在「計畫持續可能性」上，極為正視現實面問題。這並非是「利益導向」。我們該這麼看，對於連籌措建設費都很困難、維持費更會讓財政枯竭的地方而言，「有能力償還的設施」才

圖表 2-5　公家開發與民間開發的差異

	預算	時間表	規格
地方政府和政府進行的開發	把國家補助金、津貼與當地預算等能動用的金額，作最大程度使用	配合預算年度的時間表，容易出現年度末的插曲、扭曲	由顧問及學者組成的委員，規格過於華美
民間和金融機關進行的開發	根據收入計畫，是能夠償還的金額	在依照計畫、業務穩定之前，不能融投資	根據償還計畫決定預算，在預算範圍內決定規格

是必須且重要的客觀評價。

行政單位應該正視事業持續的可能性，但以往的地方政府和政府手法卻是「只要有足夠開發的預算就去做」。當然，不是說要所有設施都要完全以民間資金來做，但應該去思考設施整體的定位，且在一開始就面對「嚴酷的現實」。至少先考慮過民間資金後，再投入稅金，也能減少浪費。

OGAL PLAZA為了金融機關的投融資，開發前在招募店家的業務活動就花了十八個月的時間。這是因為，到所有店家決定為止，他們無法進行開發。然而，結果同樣可以看成，所有出租空間的店家在建設前都已經確定了。

此外，還執行了一項重大修正。執行單位判斷當初的基本設計過度龐大，於是在計畫途中放棄了原本的「泥造的三層樓」，改為能用更低價格

OGAL 外觀

中間是能享受 BBQ 等活動的 OGAL 廣場，前後設有圖書館及市場等的 OGAL PLAZA（左），與排球練習專用體育館和旅館等進駐的 OGAL SPACE（右）。園區內還有紫波鎮鎮公所等設施。

建設的木造兩層樓。

藉此大幅壓低了建設費用，結果在圖書館部分，也比公所主導的標準方案少了數億日圓。

這個案子中，市公所也做了許多只有市公所才能做到的事。其中之一就是變更了一度定案的都市計畫。一般而言，政府不會配合民間計畫顛覆原本的決定，但紫波鎮的政府職員們徹底做到了這一點。

OGAL圖書館的發想與武雄市完全相反

到此為止，我們介紹了「OGAL PROJECT」計畫核心的「OGAL PLAZA」

中的圖書館。要說到政府與民間合作的圖書館，最近佐賀縣・武雄市的「武雄市圖書館」也十分有名。

該圖書館是由武雄市付費給CCC公司（Culture Convenience Club），請他們代為營運。而紫波鎮的「OGAL PLAZA」走在他們「前面」。因為，民間企業身分的OGAL PLAZA營運公司和進駐店家，反過來支付租金、固定資產稅等給紫波鎮。

進駐OGAL PLAZA的咖啡店、居酒屋、市場、補習班、診所等民間店家，也創造出許多雇用機會。另外，紫波鎮圖書館以低價興建，卻超過了當初每年十萬拜訪人次的計畫，現在每年有三十萬人以上造訪，和投入巨額預算開發出的盛岡車站前的縣立圖書館不相上下。

因為當地主產業為農業，農業相關書籍的收藏豐富，圖書館頻繁舉辦讀書會也吸引許多國、高中生前來，在傍晚時自由使用空間。就連以往「吸走」顧客的盛岡市和花卷市，市民也反過來利用此設施。

這樣的成果，可以說是因為集結了擁有高度「公共心（Public mind）」的當地民眾、發揮領導力團結議會的鎮長，再加上地方政府職員以手續等方式面對地方法務，奮戰後得到的成果。

在思考地方創生時，經常出現「既然地方的力量薄弱，就讓政治或行政機關為我們做些什麼吧」的想法。然而，這樣做已經行不通了，我想這已經是今日為止的地方再生政策的結論。光是接受援助，無法再生。

更重要的是，提出把權限從國家轉移到地方、對「主導權」和「稅金」爭奪不休的行為，我認為最好停止。倒不如在地方由民間與金融機關合作，激盪智慧，「開發能同時完成公共設施與經濟開發的新企畫」，能帶來更多的可能性。

第 2 章

資產的運用 檢 危險度 測表

01

- [ ] 投資額與補助金一同檢討
- [ ] 認為因為政府參與，就不能對利潤斤斤計較
- [ ] 認為地方活化是市公所的事
- [ ] 認為只要地方商品賣得出去，地方就能活化

▶ **由民間遵循市場經濟規則來賺錢**

02

- [ ] 對第三部門要求多項政策目標
- [ ] 認為「當地共識」與「遵守制度」是基本原則
- [ ] 自己做很困難所以基本上都靠「外包」
- [ ] 發生事情認為只能靠政府

▶ **由小開始，一點一點壯大**

03

- [ ] 為了不發生問題，總是想著「禁止條文」
- [ ] 認為公共資產「用稅金建設、用稅金維持」是基本
- [ ] 認為在提升民間資產價值上，行政機關不能參與
- [ ] 沒想過地方價值的提升，能連接「地價的提升」

▶ **提高公園的吸引力對民間開放，**
以提升周邊地區的地價為目標

04

- [ ] 向周圍的人說「有前例」最好
- [ ] 認為確實遵照手續是最優先的考量
- [ ] 認為愛玩的人無法做事業
- [ ] 要做什麼的時候，會先從念書開始

▶ **切記「做出成果」才是新時代的認真**

05

- [ ] 認為政府沒有預算就什麼都不能做
- [ ] 「民間是民間、政府是政府」認為兩者有完全不同的邏輯
- [ ] 認為用公共設施賺錢很不像話
- [ ] 認為不用稅金而是用民間資金的話，根本無法提供公共服務

▶ **各自利用自己「能做的事」，相互支持**

第3章 人的定義

與其補足「量」，不如以「效率」制勝

地方創生，最重要的是適當的「課題設定」與能邁向解決的「事業開發」。其中，屬於地方重要經營資源的「人」卻往往從一開始就定義錯誤。

在地方活化領域裡，對人的定義有兩種角度：「人口」與「人才」。隨著「地方消滅論」的出現，多數地方衰退問題，都被歸結為「人口」原因。有些人因此抱持幻想，以為只要人口增加，地方上所有課題就能得到解決。然而，人口減少是結果，並非原因。不從頭思考為什麼人口會減少，問題並無法解決。

人從地方上離開的原因，是因為當地沒有酬勞適當的工作。正因為如此，地方活化應該努力的是「提升所得」。以這種方式來思考，人口減少也有正面的可能性。舉例來說，以往地方上的工作可能是分散、小規模、低效率的，個人平均所得較低，但人口減少後一切可以進行收斂，也提升生產性。

壓榨年輕人的「黑心」工作人手不足，但話說回來，這樣的工作一直以來被當成「地方的正常現象」，年輕人當然會離開地方。人口減少中如果能讓產業效率化、個人所得提升，完全可以看到活路。在農業領域裡，已經出現了這樣的例子。

我在地方創立事業時，多半採取工作分擔制。參與事業的成員有許多也在當地經營其他公司，因此我採取的方式是，將工作外包給他們公司的總務或會計員工，再將委託費的一部分以獎金方式發還給社員。

新成立的公司原本業務就不多，與其用低薪雇用全職社員，不如增加原本就在當地工作的員工的薪水。

此外，關於人才，重要的不是培養而是「挖掘」。

一直以來，可以看到大家都在做「人才培育事業」，抱怨「沒有能挑起地方責任的人」、「創業的年輕人不足」等等，沒有為地方負過責任，也沒為地方興起事業的大企業和政府相關人員如此怨嘆道。我忍不住想對他們說：「叫別人做之前，先自己做做看吧（笑）。」任何地方，都有拔尖、在地方上嘗試新事業的人，並非地方沒有人才，只是地方上活躍的人才，並不會聚集到這種「光念不做」的人的身邊罷了。

當我新到一個地方在思考事業時，首先會去拜訪當地最受年輕人歡迎的餐廳的老闆。能在當地正確掌握高敏感世代的市場的人，往往擁有強大的人才挖掘力。因為在這種人物的周圍，會聚集地方的活躍人才，一切都從這裡開始。

適當地掌握人的定義，才能邁向地方課題解決，人才也會開始聚集。人口減少，反而能成為提高地方生產性的機會。

01

地方消滅

比起人口增加政策，不如重新檢視地方政府的經營

「人口減少地方就會消滅」的幻覺

前總務大臣增田寬也擔任代表的日本創生會議中所提出的「地方消滅」言論，開啟了日本的地方創生政策。「人口減少」會導致「地方本身都會消滅」，這個衝擊性的訊息，一下就震撼了整個社會。

在一連串「地方消滅」的議論當中，有三種議論被混在了一起。第一種是「地方本身的衰退」，第二種是「地方政府的經營破產」，第三種是「國家單位的少子化」。將這三個連起來，就變成了「都市出生率低，所以只要把年輕人送到出生率高的地方，年輕人就會自動生孩子，最後地方會復活，日本也會復活」這樣的劇本，成了日本地方創生政策的主軸。

然而，事情並非如此單純。

消失的，並非「地方本身」

首先，「地方消滅」這個詞有很大的問題。說到地方消滅這個詞彙，就會產生地方整體會消滅的衝擊印象，但正確來說，增田氏的議論不過是在說由於人口減少，「現行地方政府單位如果按照現狀經營的話，就會垮台」。他其實是在說如果人口繼續減少，到減為一半的時候，現在的地方政府就無法維持下去。換句話說，不是地方會消滅，而是根據人口統計的假說，對「地方政府的破產」提出的警告。

然而，「地方消滅」的字眼就像被施了魔法開始不受控制，成為今日「地方創生」議論的開端，規範了相關內容。

在此發生了問題。首先，「地方政府消滅＝地方消滅」，這樣將地方政府和地方畫上等號就是問題。地方政府僅是當地行政的服務單位，這樣的單位基本上應該要能應對環境而重組、改編，支持民眾的生活。民眾是為了地方政府支援人民生活的這個「功能」而繳稅。民眾並非為了地方政府而住在當地，或是為了支持地方政府而繳稅。

另一個問題是，大家被「地方將會消滅」的危機感煽動，將少子化問題、地方政府的經營問題等全都置換為「人口問題」，議論變成了只要大幅提高總生育率，再讓人口從大都市移動到地方，地方的問題就能解決。光以人口為軸心討論的「地方消滅」論，誤導大眾將地方產生的各種問題先擱置一邊，反倒忽視了本質。

地方政府對於眼前的財政破產應該戒慎恐懼

地方政府的垮台，只有人口減少這項因素嗎？不，比起這項因素首先要面對的是財政破產的問題。日本全國有許多財政持續惡化的地方政府，像夕張市這種地方政府破產的案例絕非特例，今後許多地方政府面臨同樣困境的可能性相當高。實際上，在二〇一四年九月，千葉縣富津市發表了將在二〇一八年陷入財政破產，淪為與夕張市同樣的財政重建團體，這個預測也帶來巨大衝擊。

不必等到二〇五〇年，地方政府本身就可能因為財政問題而消滅。該如何處理因過去的政策失敗而產生的龐大地方政府債務？今後社會福利等支出增加，而稅收不斷減少，該如何對應？「地方政府經營」要實現不破產社會，正視這件事才是本質。將地方政府的財政問題換成人口減少問題，甚至可能造成許多地方政府對眼前財政問題的對應遲了許多步。所有的問題都是因為人口減少而造成的，只要能改善人口減少，就能解決一切，這些都是幻覺。我們不可忘記，夕張市是因為地方政府破產，才加速了人口減少。

在移動國民前，先重新審視地方政府經營

「地方消滅」的處方箋中，完全沒有提到地方政府的經營改革。

如果人口減少，就必須削減公務員人數吧？即使人口減少仍要維持最低限度的服務的話，可以由幾個地方政府組織聯合事業，共同提供地區的公共服務，也必須重新審視以往分散而缺乏效率的做法。此外，就像第2章介紹的作法，也應該積極檢討如何藉由促進遊憩公共設施、道路與公園等的利（活）用，創造新的公共收入。

「地方消滅」說的是，如果地方政府不改變服務的提供方式，還維持現在的單位體制，可能會因為人口問題面臨消滅的危險。維持現狀不被消滅，所以要將國民從大都市移動到地方，無視接受的地方的意見，就要地方接受都市來的人。我認為，這只不過是一種把數字兜攏的想法，以及以政治、行政機關為中心的便宜行事的社會看法。

至少，少子高齡化是二十年前就指出的問題，是我還是小學生的時候就出現在教

科書上的社會問題。人口屬於可預測現象，今後，也能做一定程度的預測。我認為要對應此問題，重新審視地方政府的經營本身才是更確切且必要的政策。

大型補習班代代木seminar，從二十年前就預測少子高齡化將造成學生人數減少，他們建造了自用大樓，但前提是此大樓設計能夠轉變用途為旅館或老人住宅。

近年他們關閉了數間學校，將大樓依計畫重新改造使用。但另一方面，全國的地方車站前有許多再開發公共設施，儘管許多廠商是在近十年內才進駐開業，卻已形同廢墟。這樣的差異從何而來？我必須說，來自對經營的持續可能性的意識差距。

地方政府在經營上的錯誤的積累，即使未來變化顯而易見卻不肯改正過去方法的姿態，造成了今日地方政府嚴重的財政問題。我認為，不檢視錯誤，光是讓都市的人移居、讓地方的人們接受，並不能夠解決問題。這就像在竹籃上澆水。更何況，就算移居，地方政府還是可能會破產，這是相當不負責任的意見。

正視大都市區的少子化問題

在「地方消滅」的議論當中，還有其他被忽視的問題。提升地方魅力，讓移居到地方的人增加，這固然是好事，但也必須思考大都市區的少子化問題。具體來說，應該是如何改善大都市的出生率。

如果說以國家為單位的少子化是問題的話，既然半數人口住在大都市，那麼消除大都市區出生率低落問題的起因，致力於出生率的改善才是正道吧？舉例而言，長期以來，少子化原因被認為是因為都市化造成都市生活費、養育費比起地方上升更快速，這也可以說是大都市出生與地方出生的小孩之間的「反落差」。針對這項問題，必須以國家層級的社會福利政策來面對解決，達到出生數增加，這樣的觀點也十分重要。

不去解決大都市區出生率低落的問題，覺得大都市就是無法改善出生率所以放棄，然後讓大家搬到地方，這是極為不負責任的。我認為，既然人口流向都市是大趨勢，提出貼近這個現實的少子化對策至關重要。

並非是大都市就無法改善出生率。放眼世界，巴黎、倫敦、柏林等世界的大都市在這十年間，出生率都逐漸改善，以往ＯＥＣＤ（經濟合作暨發展組織）加盟國普遍可見的「人口密度越高，出生率就越低」的負相關關係已確實得到改善。

不是追求賭博式的一次逆轉，而是邁向不破產的地方政府經營

就算我們假設從地方到大都市圈的人口移動停止，許多年輕人在地方上生小孩了，但到他們成長到能成為國家整體的勞動力，仍需要一定的時間。在那之前，完全無法保證已經有嚴重財政問題的地方政府還能維持經營。現在的議論，以能維持經營為前提，說「如果人口沒有移居到地方，爆發性地改善出生率，地方政府就會倒閉，我們也只能放棄支持地方」，再也沒有比這樣更不負責任的話了！

更何況日本的地方政府並不存在「破產」這樣的規則，夕張市就是個很清楚的例子。財政惡化之後，日本政府會暫時性地接手債務，地方必須從每年的預算中償還債務。就結果而言，從居民的角度來看，民眾不斷地繳稅，預算卻都被用來償還債務，公共服務還不斷地被削減。上一個世代的失敗所導致的債務，被永遠強壓在現役世代及未來的世代頭上，沒有「破產」規則，代表的便是如此。因此，許多人選擇離開地方。

上一代所欠下的債，必須由孩子，甚至孫子持續償還，連自願破產都不被允許，這就是地方政府經營的可怕之處。

「地方消滅」一個非常難懂的地方，是既然提出地方會破產這麼重要的警告，論調的根據及處方箋卻有相當大的問題。

指出本身是對的。但是，如前文所述，問題的所在不只是人口問題，就處方箋來看，人口並無法解決問題，反倒是政治、行政機關的營運、地方事業的經營上有更大的問題。而關於人口問題，不是從地方來思考，而是要正視大都市的出生率。比日本人口更少的國家，也有成功維續公共服務的案例，這並非不可能。

現在需要的，應該是重新檢視「因應人口爆發性增加時代」的地方政府經營與各種社會制度吧。我們的施策，不是追求像人口移動、創設地方創生補助金這種賭博般追求無效率的「量」的政策。讓地方政府的經營結構適應社會變化，建立「不會淪落到破產局面的地方政府」，是只有地方政府才能扮演的重要角色。

02

人口問題

建立能因應變化的結構

人口無論增減都是問題

話說回來，人口問題是現代特有的問題嗎？並非如此。人口論的歷史可追溯到二次大戰前，更重要的是，日本在人口問題上，總是在誘導「人口減少」與「人口增加」之間徘徊。

曾經獎勵「抑制人口」的時代

明治維新以後，急增人口如何填飽肚子成為日本的重要課題。移往關島、夏威夷、巴西、美國等地的集團移居政策，也是依照離開國內到更豐饒地區去獲得成功的劇本，以過剩人口轉移為目標的政策之一。除此之外，據說前進滿洲的侵略理由，也是在「必須養活龐大人口」的背景下出現的。這在現在很難想像，但過去日本曾出現人口過度增加，國內無法維持生計因此讓國人出國去填飽肚子的歷史。

現在也有人一本正經地議論「既然人口減少，就將年輕人送到地方上生孩子」，因此當時那樣的政策會實現也不足為奇了。

隨後，糧食供給問題的議論白熱化，在大正時代發生了「米騷動」[1]等事件，政府需要更進一步的政策對應，開始出現了「人口抑制」方案。希望將人口抑制在適當的規模，讓糧食能得到適當分配。

由於這些人口問題的相關議論，國立社會保障・人口問題研究院的前身機關在一九三九年設立（該機關也提供了成為地方消滅論原始數據的各種人口統計），而後計畫性的人口抑制政策的討論正式浮上檯面。

這些理論的背景，是經濟學家馬爾薩斯（Thomas Robert Malthus）在一七九八年所發表的《人口論》。他提出，在人口急增的情況下，生產糧食的速度將追不上人口成長的速度，社會會陷入貧困。

以此理論為背景，加上實際上發生了米騷動，政府於是把「人口正在過度增加」當作前提，開始獎勵「少子化」。

1 米騷動：大正七年（西元一九一八年），富山縣因為米價高漲而發生的暴動事件。

然而，人口抑制政策並沒有持續很久。

日本在進入戰爭後，論調一轉，為了確保戰力，政策變為「增產報國」。在此除了受到納粹德國的優生學政策的影響，人口論也轉為象徵國家主義思想的政策。

換句話說，這次變成了「因為戰爭需要人口，所以要增加人口」。之前要讓人口填飽肚子甚至前往其他國家，現在卻為了要在戰爭中獲勝變得需要更多的人口。

結果不用說，日本打了敗仗。

戰後，駐日盟軍總司令部也推進「人口抑制政策」

戰後，駐日盟軍總司令部（GHQ）的顧問，人口學家湯瑪森（W.S. Thomson）在談到日本人口政策時，把當時劇烈增加的人口視為危機，建議調節生育。也就是說，他的意見是，不進行適當避孕、抑制人口的話，戰後的復興就不可能成功。

戰後的糧食困難，從外地回國的人口再加上嬰兒潮，讓日本全國都被覆蓋在人口過剩論當中。

於是，經由官民合作，透過避孕等生育限制，嬰兒潮畫下了句號。儘管如此，整個一九五〇年代厚生省仍持續推進抑制人口，主張「低出生率」對日本來說是必要的政策。

更重要的是，一九五〇年代中「農村的過剩人口問題」也是熱門的政策議題，方法是讓次男、三男等過剩人口移動到都市，藉此來解決農村地區的人口過剩問題。此外，填補都市區不足的勞動力，被視為是「支撐日本經濟成長」。

看到這裡，可以發現這與現代的地方消滅論是完全相反的結構。當時藉由將地方過剩的人口移到都市，用都市的問題交換了地方的問題，還被寄予促進日本成長的使命。

然而，在那之後農村人口急速減少，都市地區也由於劇增的過剩人口，以住宅不足為開端，出現了種種問題。

人口無論增減都會形成社會問題

像這樣，過去日本將「人口爆炸」當成社會問題。也就是說，人口「增加是問題」，「減少也是問題」。實際上，明治維新以後日本人口急速增加，普遍認為人口超過一億

圖表 3-1　明治維新至今的人口推移

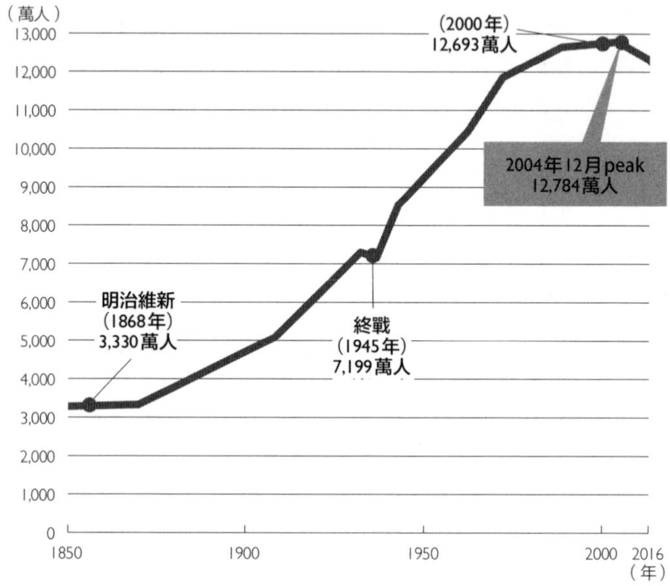

人就糟了，要想辦法解決人口爆炸問題。現在卻變成少於一億人就糟了，要想辦法解決人口減少問題。（圖表3－1）

一下說因為人口增加，造成日本崩解，一下又說是因為人口減少。關於人口論的議論是極為不可靠的。更諷刺的是，人口問題至今都不是靠人口政策解決。

在過去的人口過剩論中，日本八千萬人程度的人口也是過剩，認為應該克制在六千萬人左右，這是以糧食問題為基礎得來的結論。然而，實際上隨著農業生產改善，以工業化所獲得的經濟力從國外進口食糧，解決了問題，轉變為能支撐超過一億兩千萬的人口。是經濟・產業的發展克服了人口增加。

同樣的，因應人口減少的政策也是，不是隨意增加人口，而是以經濟、產業政策一同檢討如何創造新的財源方式，加以克服。相反的，必須填飽肚子的人口減少了，因此只要能確保並提升經濟力，地方理應更加豐饒。

為此，我們必須擺脫以人口過剩狀況為前提的過去的低生產性社會，確保生產力不受人口左右。

逐漸以機器人或人工智慧取代勞動力很重要，而資產方面，也必須將獨占模式轉成共享經濟等，在共享模式下工夫，轉型為高生產性社會。

我們需要的，是不被人口論迷惑，以減少的人口為前提的經濟及社會設計。

03

觀光

地緣與血緣的「平等原則」會阻礙發展

比起觀光客數，更應該重視觀光消費

其實，人口論不光提到實際上出生及死亡的「居住人口」，還有另外一種「非居住人口」，意味著以觀光等目的造訪地方的人口。

地方，還有日本，要突然讓「居住人口」增加相當地困難，因此地方活化轉為討論如何增加「非居住人口」，依靠非當地人口來消費。

要增加「非居住人口」，在地方活化中相當熱門的行業就是「觀光」。

不用說，對於地方而言，觀光產業是具成長潛力的領域。如圖表3-2所示，二〇一五年訪日外國觀光客約有一九三七萬人，儘管在二〇一六年也有巨幅成長，但就全世界來看，國際觀光客人數超過十一億人，對於日本而言這是個還能繼續進攻，「充滿可能性的市場」。

雖然如此，當我拜訪地方知名觀光地，卻遺憾地感受到「可能性就以可能性告結了，成長畢竟不是那麼容易」。

圖表 3-2　訪日外國旅客數量推移

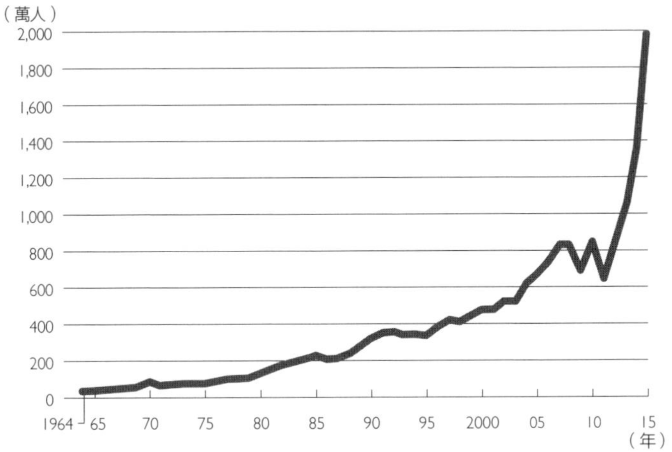

©（出處）「每日新聞」二〇一六年一月十九日

難以捨棄對「過去」的執著

什麼意思呢？

所有著名觀光地，都有自己獨特的商業習慣。

若是「為了欣賞歷史遺產，一輩子一定要去一次」這種程度的觀光地，就算什麼都不做，每年也會不斷湧入大量觀光客。尤其是在神社佛寺的御開帳[2]或遷宮[3]的時機點，更能爆發性地召集人潮，那些地方的觀光產業依靠的

2　御開帳：佛寺數年一次展示佛像本尊供人參拜的活動。

3　遷宮：神社在修繕或重建神殿時移動神靈的儀式。定期遷宮也有宗教上的清淨之意。

是「鮣魚商法」[4]的成立。換言之，地方不是以觀光設施等觀光服務業的力量召集人潮，觀光僅是當地歷史形成的品牌的「附屬產業」。

因此，飯店或日式旅館等的住宿設施與相關服務，至今仍有不少在重複「招攬新客的商業模式」。認為「如何讓團體客住進自己的設施」是勝負關鍵。為此，他們支付攬客費用給旅行社，其他的變成「在有限的預算內完成」。他們很難轉換思路，去思考如何憑自己的設施或服務品質，獲得回頭客。

不光是住宿設施，土產店及觀光地的飲食店也是如此。

每間店爭先恐後地陳列著大同小異的商品，無論走到哪個地方，都排列著只是改成當地包裝但內容卻幾乎一樣的溫泉饅頭。除此之外，說到觀光地的餐飲店，就會聯想到「觀光地價格」，品質不怎麼樣的東西也以高價販賣。

這些商業習慣，到某個時期為止還可說是合理的。

也就是說，正如許多人指出的，在以團體為觀光主流的時代，可以維持這樣的習

4 鮣魚商法：鮣魚會利用頭上的吸盤吸附在鯊魚等大型魚類身上吃掉下的食物殘渣。鮣魚商法意指依附在人氣景點或商品上，不自行努力的商業模式。

慣。但泡沫經濟之後自由行成為主流，個人會自行設計觀光路線。再加上來自網路的預約增加，以往做「新客生意」的評價能傳布、動員的觀光客就越來越少了。

儘管如此，業者其實很清楚這一切只是無法捨棄。由於持續做著新客生意，雖然有一定的團體客，但自由客卻敬而遠之，業者無法自行招攬客人。因為無法招到客人，也就更依賴團體旅行或旅行社經手的客人，飯店餐飲業者陷入無法脫離的惡性循環。

地緣與血緣的「平等原則」會阻礙發展

除此之外，在觀光地存在著觀光協會、旅館協會等各式各樣的協會，極為重視「平等原則」。

比方說，土產店的營業時間都是統一的，只要規定傍晚五點關門，大家都必須遵守。

即使晚上營業客人也幾乎不會上門，因此就不開了，這是商店街常見的模式。雖然說是「因為客人不來才關門」，但關上店門，客人怎麼可能會上門呢？客人越不上門，營業時間就變得越短，形成了負面連鎖。話說回來，「客人來才開店」這種想法本身就很詭異，等於是放棄了「想辦法」讓客人上門。他們不會去思考晚上也能開店、讓客人能在晚上上門的營業企畫，或日夜都營業的話要如何經營。

在這點上，地方的觀光產業受到身為地緣型事業、家族型企業因素的強烈影響。

正因為是地緣型企業，若是不遵守平等規則，被地方盯上的話會影響經營。店家或企業不想破壞「聚落社會系統」，不願背負風險。再加上若是家族型企業，容易陷入不必勉強提升業績、維持一定規模就夠了的想法。更重要的是，因為有著名的觀光景點，就算什麼都不做也能有一定客源。越是資源豐富的觀光地，這樣的傾向就越強。

找出地方的潛在成長性、進行應行的投資、改變營業方式，彼此透過競爭而成長……比起這麼做，業者在上述的環境下，更容易傾向遵守當地的平等規則，靠著家庭維持不上不下的經營方向。

地方的新型觀光：靠文化或生活風格賺錢

對於地方的觀光產業，最重要的不是觀光客數，而是觀光消費單價及觀光消費總額。航空公司和鐵路公司，只靠大量的客人移動就可以賺錢，但地方若是無法讓觀光客留下住宿，或是付出其他任何形式的飲食消費，就無法賺錢。換句話說，觀光消費才是重點。

因此，今後若是採取前述的被動姿態，遵守著當地觀光產業過去的商業習慣，用地緣或血緣型的做法，即使有許多觀光客前來，觀光產業也無法成長。相反地，業者應該積極地改變自己的事業方式。將以往「十萬人每人花一千塊的觀光」，轉為「一千人每人花十萬塊的觀光」，對小地方來說，這是最現實、讓觀光產業高生產性化的對策。

舉一個例子，在越後湯澤這個地方，有個能與滑雪觀光畫出一線區隔的「里山十帖」。

這是出版《自由人》雜誌的出版社所開設的溫泉旅館，將原本要關閉的溫泉旅館以獨自的價值觀重建後的這間旅館，強調「沒有無微不至的服務」、「因為是木造的，隔音很差」、「旅館蓋在昆蟲的住所上」、「基本上不讓兒童入住」等，這種顛覆了傳統住宿常識的經營方針大受歡迎，旅館的住房率持續超過90％，十分難訂。此外，他們的顧客單價平均超過三點五萬日圓。這個例子告訴我們，雖然地方無法建造大型住宿，但規模小、單價高、住房率高的住宿設施是有可能的。

在地方上，不將決策完全交給當地業者，「管理權的重新建構」是非常重要的。有必要透過管理權的重新建構，促進新資本、人才的流入，也讓異業種進駐地方。這樣一來，全國的地方擁有的各種資源，就能從可能性轉移到實際創造價值的階段。

04

高速鐵路

製造讓人上門的「理由」，活用交通網

「地方創生底牌」的甜美幻想

地方交通不便所以人口減少、衰退。那麼只要讓地方變得方便，人就會聚集，企業也會從大城市聚集到地方。以這樣的理論為背景而整治的工具之一，就是「高速鐵路」。

二〇一五年，北陸新幹線開業。接著在二〇一六年，北海道新幹線也開通了。相較之下北陸新幹線還算順利，但另一方面，被奪走大量旅客的機場路線卻陷入了苦戰。這就是所謂的自相殘殺吧。另一方面，北海道新幹線在開業第一天盛況空前，之後卻一口氣陷入低迷，儘管是既定的虧損路線，情況依然嚴峻。

在此令人在意的是，「高速鐵路是否真的有助於地方活化」？

高速鐵路不是地方創生的「夢幻底牌」

在思考地方事業時，人們總是期待有個能解決當地所有問題的「地方活化的引信」，高速鐵路就被當成是這樣的「夢幻底牌」。

然而，若看看高速鐵路過去的結果，並非「蓋好了地方活化就完成」，也不是「蓋完就結束了」。

過去地方的社會資本薄弱，大家的焦點放在「如何把高速鐵路帶到地方上」，重點放在蓋之前。然而，蓋好之後，當地真的就活化了嗎？答案相信大家都很清楚。

看圖表3-3可發現，日本花費了約半世紀，整治了新幹線、高速公路、地方機場等為數眾多的交通網。在今後的地方活化中，比起建設，更需要的是「如何活用」。

那麼，在地方活化上，高速鐵路通車帶來了什麼？對於結果，需要採取什麼樣的對策？接下來希望能對照過去的教訓，和大家共同思考這些問題。

交通網只不過是「一種手段」

圖表 3-3　交通方面社會資本整治的推移

■ 1965年

	總延長 · 部位
高速公路	189.7 (km)
新幹線	515.4 (km)
機場(跑道長度 2,000 公尺以上)(處)	5 (地)

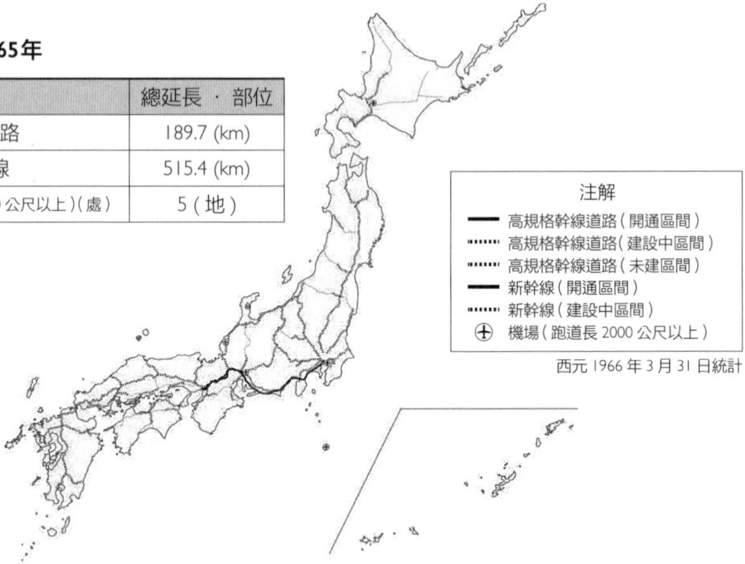

■ 2012年

	總延長 · 部位
高速公路	10491.6 (km)
新幹線	2623.5 (km)
機場(跑道長 2000 公尺以上)(處)	66 (地)

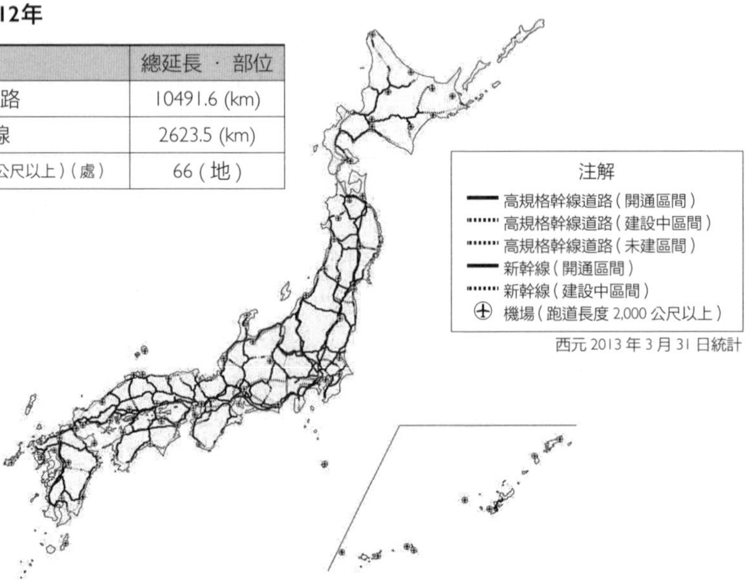

©(出處)國土交通省 綜合政策局資料

二〇一五年三月開通至石川縣金澤的北陸新幹線被期待為「北陸地區的活化引信」。

根據石川縣的新幹線開業影響預測調查，藉由新幹線所帶來包含觀光、商業「經濟效果」每年估計約為一百二十一億日圓，而實際上大幅超出了當初的預測，達到了約四百二十一億日圓。石川縣的觀光產業規模約兩千六百億日圓，因此今後觀光產業也被預測會有一定程度的成長，產生周邊效應。

儘管如此，石川縣縣民的總生產額高達四點二兆日圓，雖然新幹線的開業帶來了成效，但光靠新幹線效應，石川縣整體並無法立即再生。我們需要冷靜地看待新幹線只不過是「一種手段」。

新幹線自開發以來歷經了半世紀，如先前所述，日本整治了機場、高速公路等多樣化的快速移動手段，比起半世紀前，新幹線的優勢已相對降低。再將網路考慮進去的話，工作或居住地區的選擇、觀光行動、商圈構造等都越來越複雜了。

高速鐵路能帶來成果的三個條件

這樣看下來，首先最重要的是什麼？就是「不對高速鐵路抱有過多的期待」。

自己的地方要靠什麼存活？為此所需要的活動是什麼？這樣的基本方針更重要。為了實現這項方針而活用交通手段，這才是基本。

回顧過去的案例，在高速鐵路開通時，以下三點是成功的必要條件，就讓我們逐一來檢視。

⊕ 必要條件一：和其他地方不同的「地方獨特的業務推廣」

日本的地方新幹線，包括東北新幹線、上越新幹線、九州新幹線都已開通，那這些新幹線讓地方再生了嗎？

或許有一部分可以說「讓地方再生了」，但比較一九八二年開通的上越新幹線開通的前後五年，我們看到新潟縣內的人口增加率低落、縣民總生產額的增加率也降低，近年這樣的傾向更是強烈。

而一九九七年開通的長野新幹線又如何呢？還是來看看開通前後吧。在長野縣內，儘管與一九九六年比較，到二〇〇一年為止人口約增加了三萬七千人，但企業約減少了五千一百間、員工數約減少了三萬人。之後，長野縣在二〇〇二年以後人口轉為減少，減少幅度甚至比全國平均更大。

有些專家，只注重配置了新幹線車站的鄉鎮市的短期統計。很典型的就是看到初期的攬客效果，就說「沒有當初擔心的（被東京等大城市吸收）吸管效應」。然而，就長期來看，或以廣域來看，從長野的案例中也可以發現，（地方）確實被外地的都市機能給吸走了。光蓋新幹線是行不通的。

另一方面，選擇「獨特活用法」的地方，則收到了成效。

例如輕井澤與長野新幹線。許多人都知道輕井澤以住宅區的魅力為基本，目前需求仍相當穩定，受到高度好評。不光是商業或觀光，他們藉由「為了讓人居住的新幹線」的活用法，達到了人口增加與當地市場規模的擴充。

另外，上越新幹線通過的新潟縣大和鎮（現在的南魚沼市）隨著新幹線開通，招募了國際大學與縣立國際情報高中，試圖一口氣累積學術資產。今日英語教育的必要性開始受到高度重視，而國際大學已將英語採用為校內公用語，教育水準也得到國際評價。隨之，新潟的優良企業也開始搬移總公司，聚集到此。

從輕井澤與南魚沼市的案例也可知道，活用地方特色，思考「與大都市圈的競爭中如何才能取得優勢」這樣明確的目標很重要。換言之，說穿了需要的就是「創造出『為何去當地』的明確目標」。

相對的，最糟的情況就是僅止於蓋高速鐵路的案例。投入能成為一般補助金對象的「站前廣場修整」、「地區重畫」，因為補助金而展開了觀光等招客活動。像這樣，淨找一些「傳統型模範答案」的話，當地事業毫無疑問地會被淹沒，並且衰退。

⊕ 必要條件二：因高速鐵路開通而變得不便的地區內交通的重新建構

有了高速鐵路，都市間的移動明顯更方便。但嚴酷的現實是地區內的公共交通反而不便。

與高速鐵路並存的傳統鐵路，不少被轉由第三部門經營。它們多半是虧損路線，車票因此會漲到一點二～一點五倍。還有些特急路線被廢止、相關巴士進行重編等，高速鐵路以外的地區內公共交通，成本變得更高又不方便。

因此，當我們討論離高速鐵路車站較遠的地區的活化，不能光思考「高速鐵路＋傳統鐵路」，還必須以活用「高速鐵路＋新誘因」吸引顧客。

舉例來說，遠離新幹線車站的青森縣八戶市，就有個成功將郊外的生鮮批發市場觀光據點化的「八食中心」。八食中心經營了從八戶站開車的「八食百圓公車」，以「新幹線＋公車」的路線開發，做到了觀光招客。此外，他們還經營連接市區的「八食兩百圓以下」公車，讓位於郊外的八食中心同時可來往車站及市區內。

此時，據點經營的重點，是以「當地利用（批發或零售）＋觀光利用」的組合來構思結構。

觀光會有淡旺季，所以以當地顧客來確保基礎收入，以活用新幹線車站獲得觀光客收入，並定位為「附加性收入」，藉此可以同時確保經營穩定與「成長空間」。

像這樣，為當地創造出明確的拜訪目的，同時施展「地區內不便交通網的獨特補足手段」，不僅是對於高速鐵路車站據點，對於其他任何想借高速鐵路產生周邊效應的地方，都是非常重要的。

⊕ 必要條件三：為防止隱形的資本吸管[5]效應，進行當地資本投資

第三個重點，就是吸管效應。

如前文所述，隨著高速鐵路開通，有些地方出現了企業關閉、人口往大都市流出的典型的吸管效應。實際上，石川縣即估計因為北陸新幹線的「吸管效應」，會帶來

5 吸管效應：指因為交通網絡的開通，特別是細長的一條通道（吸管）的建設造成了大量移動，而途中的中繼地卻幾乎沒有經濟活動產生，影響了都市的發展或衰退。

「每年二十七億日圓的負成長」。

然而，地方上還存在隱形的吸管效應，那就是大都市資本逐漸進出地方，形成的「鯨吞地方市場的結構」。

最好懂的，就屬新幹線主要車站的車站大樓開發了。我們看看主要車站的車站大樓裡的店家會發現，都是東京或大阪資本的百貨公司或大型連鎖企業。

這代表什麼呢？大都市資本企業進駐地方都市，對當地來說乍看之下提升了便利性。人潮聚集、辦公室數量增加、雇用也擴大了，看似是要敞開雙臂迎接的好事。然而，大都市資本的進駐若繼續擴大，在當地產生的利潤，最後都會透過連鎖企業被大都市吸收。

難道無計可施了嗎？並非如此。位於鹿兒島中央車站前，由當地業者經營的「鹿兒島鄉土攤販村」就是一例。這個地方主要由年輕的經營者負責，彼此切磋琢磨，成立了充滿朝氣的事業。對於在新車站周邊形成的新市場而言，即便規模小，由當地業者發掘商機、進行投資極為重要。

找到基礎建設下一步的目的

高速鐵路讓大都市之間擁有快速、穩定、大量的輸送，建設高速鐵路在國家單位的生產性改善上，就許多層面而言都很合理。但另一方面，對於地方而言，若沒有獨力思考交通的明確活用方式、祭出對策的話，可能會造成反效果。

思考如何活用高速鐵路，為地方打造新產業、新據點，或是重新思考街道的定位，這在地方創生上完全是可行的。而關於高速鐵路在觀光產業上的活用，光是平凡無奇的觀光活動或團體旅行並不夠，如同前文中的案例，訂定鎖定了自己獨特的目標族群的事業，獨力修補除了高速鐵路與傳統鐵路以外的交通，再加上當地資本的投資，正是經營觀光要能成功連結高速鐵路的「必要三條件」。

我要再次聲明，重要的不是建設高速鐵路，而是創造出讓人們搭著高速鐵路前來的「目的」。弄錯這一點的話，高速鐵路別說是成為聚集人潮的引信，還可能對活化造成反效果。這個道理我想不僅是高速鐵路，也適用於高速公路或地方機場等所有基礎建設。

05

高齡人口移居

過於粗糙的「紙上談兵」明確規範「要找進來的是誰」!

在地方創生政策中，我們不光希望年輕人移居地方，也希望老年人能到地方去。這是出自在二〇一五年六月十四日，高唱地方消滅論的「日本創生會議」所總結的新建言。

簡單來說，就是「現在東京圈的高齡化很嚴重，再這樣下去首都圈會因為高齡者增加造成醫療與社會福利癱瘓。所以，老人們，請搬到地方去吧!」

第一個年度，他們提出的是「年輕人X地方活化」(少子化對策);到了第二年，他們提出了「老年人X地方活化」(高齡化對策)的建言。

大眾會因「供給方的理論」而移動嗎?

事實上，「高齡化之下首都圈病床與醫師不足」，這個問題長久以來被爭論不休，問題本身確實嚴重。但是我認為，就政策而言最重要的，是現實。

迄今為止，不只是東京，地方的政令指定都市[6]與核心都市人口的總數增加，這是由於從周邊都市地區的人口流入增加。人口會集中在都市區，對於年輕人而言是因為有各種好處，其中最大的因素應該就是雇用機會。而對老年人來說也是一樣，因為各種優點而移居到都市區，其中一項理由就是醫療與社會福利的充實。

那麼，對於有一定積蓄的老年人而言，移居不是因為「誰來提供我服務都沒關係，只要能接受服務就好」，而是建立在「想盡可能地接受選擇性豐富、高水準的醫療服務與社會福利」的需求上。不只是移居者，原本就住在都市區的老年人，也期待能得到高水準的醫療服務及社會福利。

既然如此，要是有人這樣對你說：「從今以後都市區的床位都要不夠了，地方還有很多空床位，請你們去那邊吧！」你會怎麼做？如果你是當事人，你會回說：「好，我知道了。」然後乖乖聽話到地方去嗎？

就像對年輕人強制性地說出：「要生孩子就到地方去」一樣，對老年人說：「以

6 政令指定都市：法定人口達到五十萬人以上的大都市。

後要想接受醫療服務與社會福利，就到地方去」也是過於蠻橫的建言。

地方政府的問題不在人口問題，而是財政問題

那麼，關鍵的地方醫療情況又是如何？去到地方就知道，我們經常會看到與都市規模不符的巨大醫院聳立其中。然而，就連這樣的大型醫院也聽說不光是醫師不足的問題，實際上的問題還包括醫療費等，地方政府在社會保障方面的財政負擔過重，並無法擴充。地方的醫院經營，未必就穩如泰山。

二〇一四年「地方消滅」的相關建言，主要看的只是「出生率的差別」。二〇一五年的建言，則根據了床位的「地方空缺」與「都市區的不足」做出判斷。然而，是否光有「空床位」就能說地方擁有能支持老年人的醫療社會福利能力（收容能力）？這也是個問題。

理所當然的，在這次的討論中，地方政府也出現了「能不能綜合考慮給予財政支援？光是把老年人推過來，我們也很困擾」的意見。正是如此。我重申了好幾次，地方政府的問題中，比起人口問題，財政方面的問題更大。醫療福利形成財政負擔，而地方上沒有充足財源去支持需要這些醫療福利的人，才是問題所在。

地方政策造成地方負擔加重!?

這次的建言，大致就是「地方某種程度還有剩餘的床位，將老年人聚集起來活用這些多餘床位就好」，但若再去深究建言，會有更多發現。

舉例來說，其中還提及為了降低「人才的依賴度」須展開機器人照護等。一瞬間這個建議看似能解決地方人手不足的問題，彷彿一箭雙鵰。但實際上，這件事並沒有一定要在地方上實施的必要性。

此外，我們也要注意這項建言提出了「從住宅環境的整備到都市機能的集中」，是以都市的整備為基礎的。退一百步說，如果只是醫療福利設施，還可以直接使用現有的設施。但是，若是從東京圈等地來了大量居民，要地方從居住到生活服務，去負責整體的服務的話，情況會變得如何呢？想當然耳，光靠地方現有的醫療及社會福利預算，是遠遠不夠的。

另外還有說得頭頭是道的「空屋活用」。實際上情況在東京圈也是一樣，儘管從全國來看東京圈的空屋率相對較低，但這個數據卻忽略了東京住戶數原本就多的事實。

換句話說，空屋率比較低，但實際的空屋數量是相當龐大的。從取得用地到開發整套新設施的整治，確實，地方上能以較低預算完成的場所較多。但若站在「既有庫存的活用」觀點來看，都市中心的周邊區域也有充分優勢。這項議論還有待進一步的檢驗。

除此之外，還有為了促進移居地方要發放補助金的建言。事實是，至今為止地方政府為了促進移居定居，發放過各式各樣的金錢補助，人流的方向卻沒有因此而改變。

還有些看法是「延長雇用這條法律，造成老年人的地方移居減少」，但我們若將年金減少還有老人對今後生活的不安考慮進去，對今後的高齡者而言，要「迎接退休，輕鬆展開鄉下生活」恐怕變成了「不敢高攀」的目標。既然如此，盡量待在城市、能工作多久是多久的想法，也是理所當然。

說到底，想要勉強人移動到地方，就必須準備相當的誘因，甚至必須做到相關設施的整備。想到這裡，應該就無法認為光是因為地方在醫療福利方面還有空床位，就可以讓人到地方去了吧。

光是人口移動無法解決縮小型社會的問題

結論是，光靠人口移動想要解決社會問題太過勉強。

問題的根本還是在於財政問題。老年人增加，因此必須重新檢視所需要的醫療與社會福利，還有包含年金在內的生活全體受益，以及支持這些負擔的結構。

理所當然的，因為地方有床位就叫他們去，他們真的「去了」之後就會產生醫療社會福利費用。現在的水準能持續到什麼程度？到了無法持續的情況時，由誰、以什麼方式來負擔？如果不去檢視整體的社會制度設計，光是移動人口，問題並無法解決。

比起思考一些不現實的方案，不如去推展以往在首都圈議論過的，為了加速醫療相關人才養成，來增設首都圈的醫學單位等解決方式，或是正視首都圈的團地改造問題，這更為現實。另外，也可以去思考，即使邁入高齡也要維持健康的生活，為此而生的對策是什麼？

另一方面，在地方上，與其強制老年人來，最好能朝向以獨特的醫療社會福利服務，成為高齡者「會選擇的模式」來發展。

前幾天我和一個社會福利法人的經營者碰面，他在地方政府過去整備完成卻荒廢了的溫泉設施旁，建蓋了一座「特別養護老人中心」。並將溫泉設施開放給當地居民，整體化的經營獲得了好評。這便是活用過去的「地方資產」，實現充滿魅力的社會福利服務的方式之一。還有餐點中使用的食材，也與周邊的農家簽約，設法讓資金盡量流向當地。

此外，在都市區擁有一定所得的夫婦，許多在老後會希望（在老人中心裡）有個別的房間，視情況而定，有人可能會要求住在不同樓層。也可能丈夫想在地方從事農業，而妻子想在都市區與朋友玩。還有不定居在一地，希望能往返幾個地區的需求，或是每年幾次到都市區接受完好醫療檢查的需求。說實話，若還以傳統「老夫老妻」的印象為前提，加上地方振興政策的自私理論，要召集不會造成地方政府負擔、能自立生活的老年人，是天方夜譚。

以「東京 vs. 地方」的構圖對所有人施與壓力，再把行政機關政策的失敗推給國民，極端地來說，這種持續提倡的「移動吧！」的政策，很難有效果。更重要的是，我完全不認為這種「半強迫式的政策」能讓地方活化。

我衷心希望，事情不要變成是地方政府以一時的預算建設了高齡者住宅，之後無法找到入住者，最後只好用苦肉計，只找來會增加地方政府負擔的高齡者。

重要的，不是造出一個人被推進來的地方，而是創造出人們會積極選擇的地方。無論談到老年人、年輕人，都是這個道理。

第 3 章

人的定義 危險度 檢測表

01

- ☐ 認為地方的問題原因在於「人口減少」
- ☐ 首先優先考慮「人口增加政策」
- ☐ 從來沒確認過地方政府的財務狀況
- ☐ 認為最後國家會想辦法

▶ **正視不會破產的「地方政府經營」吧！**

02

- ☐ 認為人口減少是問題，人口增加不是問題
- ☐ 認為若是人口減少，所有產業都會完蛋
- ☐ 認為首先要由政府來召集年輕人
- ☐ 認為效率化對地方是有害的

▶ **以人口減少為前提來思考事業，提升生產性吧！**

03

- ☐ 談論的是如何聚集大量觀光客的活化方案
- ☐ 認為以「新客」為對象的生意最賺錢
- ☐ 正在推行大量舉辦活動的活化事業
- ☐ 不能打破當地的規則

▶ **切換方向，以自由的發想思考
如何增加「觀光消費」吧！**

04

- ☐ 認為地方會衰退是因為沒有整治交通網
- ☐ 沒到全國各地的新幹線車站走過一趟
- ☐ 認為觀光客增加就是成功
- ☐ 不看縣內經濟規模，只看經濟效果
- ☐ 認為地區外的知名企業進駐，是當地的驕傲

▶ **創造出讓人前往的「理由」，
做當地資本能賺錢的生意吧！**

05

- ☐ 首先要先蓋設施，再召集人
- ☐ 認為用補助金整治設施就能成功
- ☐ 認為若能有社會福利設施地方就能再生
- ☐ 沒看過值得參考的國外案例

▶ **打造出會成為積極選擇選項的地方魅力吧！**

第4章

金流的觀察

官民一體的「地方整體」要營利經營

在地方活化的領域，一直以來關於金錢的話題都是被避諱的。大家一面說：「不關錢的事。」一面使用稅金財源，連投資的回收都沒有思考過就投入地方活化，結果是越做地方的損失越是擴大。

我在學生時代所參與的地方事業，沒有一處是確保了豐厚預算的。「沒錢有智慧，有錢沒智慧」是我們收到的教誨，於是憑著自己的微薄資金和智慧走了過來。

至今仍是，我在各地創建的公司都是用自己手頭的資金開始投資，堅持盈餘經營，再一點一點增加資金。接著，在事業超過一定規模的階段時，活用融資等金融力量，為城鎮帶來變化。為了持續改善地方，地方事業必須保有資金流轉的機制。拿到手的資金總是用完的事業，是談不上什麼地方事業的。如何以自己的力量來獲利，面對這件事才是真正的地方活化。

當你能看清金錢流向，對各式各樣地方活化事業的看法就會隨之改變。比方說，在日本有人以衰退的都市中心地區的再生為目標，卻幾乎沒有人的目標是「提升不動產價值」。然而，若把都市想像成一個不動產的集合體，就會發現所謂的再生，就是不動產價值的提升。二〇〇三年，當我第一次到美國體驗都市再生事業，他們告訴我：「打造地方，就是資產管理（不動產經營）。」

本來，只要讓想在當地「居住的人」、「開店的人」增加，一面抑制供給，不動產價值就會上升。而價值提升了，不動產所有者就會獲利。這樣一來，就能從不動產所有者身上徵收都市中心地區再生的資金。

因此，我在地方都市，基本上都是和不動產所有者共同進行事業。若是在都市中心地區的話，就與經營小型建物的房東共同建立公司；若是溫泉街的話，就和日式旅館或飯店經營者合作。比起連繫官方，和不動產所有者的討論更加重要。但這不光適用於都市中心地區，也可置換成在農業地區就和農地所有者、在林業地區和山林所有者、漁業地區和擁有漁業權的人共同進行的事業。

由能明確判斷地方上的金錢流向、善於理財的人所進行的地方建設，對於地方活化來說是必要的。

01

補助金

萬惡的根源產生衰退的無限迴圈

創造「賺錢後持續投資」的良好循環吧！

在各種地方活化領域中，大量的稅金被當成「補助金」來使用。所謂的補助金，就是在地方進行某種事業時，對於不足的資金以稅金來填補支援。這項制度根據的假設是，只要預算不足的問題解決、事業實行，地方就會誕生活力。

舉例來說，有項需要一百萬日圓預算的活動，但當地只能籌措出五十萬，只要活用補助金制度支援整體預算的二分之一，剩餘的五十萬就能由政府從稅金中支出。換言之，(看似)能用五十萬元做一百萬元的，就是補助金事業。

提到商店街，針對騎樓也有補助金，還有稍具設計感的路燈、彩色或磚瓦感的道路鋪設、大多數的活動、空店鋪突然開張搖身成為漂亮得有點微妙的店鋪，都與補助金有關。

不光是商店街，無論農、林、水產業，我們在地方上觸目可及的許多事物，為了地方活化都動用了補助金。

然而，儘管補助金這樣隨手可得，這些活動卻幾乎沒有明顯的成果，甚至不斷的失敗，最後造成地方的持續衰退。

為何用稅金填補了不足的預算，地方卻無法活化呢？在此，我想提出其中的基本原則。

為何投入數兆日圓的補助金，地方仍然無法活化？

補助金看似能讓人免費拿到錢來投入活化，然而地方創生需要的不是「錢本身」，而是「能不斷生出錢的引擎」。

在地方創生政策展開以前，政府就以五花八門的名目分配了龐大的預算到地方上，然而卻毫無成果。為何地方分配到以地方活化為目的的數兆日圓資金，仍然無法活化呢？

理由相當簡單，因為它們都是使用稅金＝「無法獲利」的事業。

地方活化，無法用單純的「所得重新分配」來達成。

因為地方比東京吃虧，為此重新分配而發放補助金，但是地方並無法靠這樣來活化。

原因在於，補助金一發放，這筆錢就會消失在事業各種成本中，就此結束。錢只周轉了「一個週期」（一個循環）。若是成本的部分作為人事費用發放給各地方的人還好，如果是外包給地方外的人，等於讓進來一次的預算又流出其他地方。且最大的問題就是，用完一次就結束，無法再次產生同樣的效果。

比方如商店街，動用國家預算將活動外包給大型廣告公司，即便做了大規模的活動，一旦做完就結束，利益還被帶回到東京。

公共設施的開發也是一樣，大型建設公司標到了大規模建案，會分包給當地企業，從地方內經濟來看，這些微薄的錢僅轉了一圈就結束。政府對地方活化事業發放預算，被比喻為「對沙漠灑水」、「興奮劑」，原因即在於此。

換句話說，問題就在於「轉了一圈就結束的結構本身」。

不正視「利潤」的「預算型地方活化事業」

地方需要的，是不會一次就結束，能把資金帶入地方內經濟，並讓它持續運轉的引擎。

以投資的金錢為基礎產生利潤，再以此進行投資。此外，受雇的人會在地方內產生消費，這樣的「良性循環」會開始運作。

如果事業能持續經營，創業投入的資金不以一次性金額告結，每年都會創造雇用、產生利潤，更可能投入參與地方活化的「再投資」。這樣下去的話，引擎得到強化，不光是地方內經濟，也可能發展成以地方外經濟為對象的事業。這才能接續地方的發展。

那麼，地方的衰退是什麼呢？這起因於經濟問題。「沒有好工作」→「沒有好工作所以人越來越少」→「人越來越少所以好工作就更加減少」，這樣的負面循環不斷的運行。無論如何，我們必須斬斷這種循環。為此，要挑戰能創出利潤的事業。

創造利潤≠榨取

提到「創造利潤」，有人會把它視為「榨取行為」，這種想法是大錯特錯。本來，沒有利潤有可能就代表：沒有人想對事業內容支付對等價值。不靠恐嚇或詐欺，一個正派的事業想要獲得利潤，必須是用有魅力且有效率的方式進行。

如果一直無法創造利潤，對地方的經濟就永遠無法帶來正面效果。無論投入多少資金，資金總是不增反減，也沒有循環，不夠了就再投入，這樣的結構離活化相當遙遠。

地方活化如果根據「因為具有公共性↓發放補助金↓不能獲利」這種概念，自然會產生局限，要活化相當困難。

當政府一參與，不只是官方，就連民間人士也會陷入「本來就不會有利潤、不能獲利」的既定思維。實際上，我曾在某地方政府的研修中，聽到有人說「就是因為不喜歡民間那種想賺錢的骯髒想法，我才會來公所」，而民間的人則是說「地方活化沒辦法賺錢，那是政府的工作」。

運用稅金的活化事業之所以不順利，原因就在於被不能賺取利潤、賺不了利潤的這種資金性質和放棄心態所束縛。

相反來說，如果真想以活化為目標，需要的是「得不到利潤的活化事業全部中止」的大膽決策。

無論活動聚集了多少人潮，接受了媒體採訪，這些都沒有意義。除了「在地方創造出能讓資金不斷運轉的引擎」，亦即「確實取得利潤」以外，地方要持續活化是不可能的。

不以民間為主體、正視利潤的話，地方創生沒有出口

然而，在此就產生了矛盾。

如果能正常產生利潤，不就能從地方的個人或銀行調度資金來進行活化事業或活動嗎？不動用稅金來做這樣的活化事業不也可以嗎？

正是如此。

用推動地方活化的名義獲取資金，對於以這套周轉一次的系統維生的人，「用稅金來做地方活化」是不可或缺的，但效果卻完全沒有波及到地方整體。與其說「做出成果的事業不需要依賴補助金」，不如說在依賴補助金的階段，地方事業就已經陷入了「衰退的無限迴圈」。

地方創生所需要的，是能夠調度資金的事業開發，由民間挺身而出，面對市場，正視利潤。目前做出成果的，都是由民間站出來推進事業的地方。

行政機關對於創造利潤的事沒有經驗，存在的目的也不在此。政治也是一樣，即

使能決定分配內容或規則，但並非賺錢的集團。換句話說，只有民間站出來，才能讓地方恢復活力。

反過來說，如果民間說出：「那麼沒賺頭的事誰要做」、「風險還是要由政府來承擔」這種話，放棄當地的事業開發，那麼地方基本上就不可能再生了。

不能把「地方活化是政治、政府的工作」的話當真。那會讓地方陷入衰退漩渦，無法從「衰退的無限輪迴」中逃離。

不是讓政府去填補不足的資金，而是用手頭上的資源推行事業製造利潤，再持續投資到下一個事業上的循環，才是地方活化的基本。遠離了這種結構的補助金事業，無論接受再多金額，都無法讓當地在本質上達到活化。

02

表面計畫

可以隨意提出不現實的計畫的原因
「近乎殘酷的現實」也要堅持住！

除了補助金這項支援制度，另一個浪費地方有限財源的元凶就是「表面計畫主義」。在此，我們要為「打造徒具形式的『表面式計畫』會為地方帶來多少打擊」這件事抽絲剝繭。

為何地方政府會做出不符合現實的計畫？

二〇一四年底，日本內閣會議中決定了關於地方創生的「鄉鎮、人、就業的創生綜合戰略」，國家提出今後五年的目標、政策，與基本的方向性。受此影響，各地方政府也發表了「綜合戰略」。

這些計畫在網路上都能閱覽，請務必去確認看看自己的地方政府策畫了什麼樣的綜合戰略。

模仿其他地方的計畫，或是沒有實際效果的計畫，只會讓地方筋疲力盡。遺憾的是，觀看各地方的「戰略」，許多地方令人不解。

舉例來說，作為地方創生政策的第一彈綜合戰略，京丹後市（京都府）所發表的戰略就讓人看到了驚人的意見。他們的計畫，以接下來人口會呈V字形發展的劇本來制定。

「地方創生」原本就從地方的人口問題出發，因此作為地方政府向國家提出的計畫，若是以人口減少為前提，似乎說不太過去。然而，該市的人口約有五點九萬人，國立社會保障・人口問題研究院預測到了二〇六〇年會減少到二點六萬人左右，而他們的計畫卻是將人口一口氣變為七點五萬人，只能說，這個劇本實在太不現實。

若以這樣的「自我解讀」和「願望」為基礎，累積了全國的計畫，日本人口在計畫上就會突破兩億人了，這是一個讓人笑不出來的笑話，而這已經不是頭一次發生。設定了這樣充滿野心的目標，進行有勇無謀的開發，結果是至今每次計畫均以失敗告終，債就留給制定計畫的主體（地方政府）。

正如書中指出的，這樣的地方越是進行活化，負債就越是擴大，加速了衰退。那麼，為何這樣的事會一再發生呢？

地方活化事業的失敗中，「附帶條件的預算」被視為問題所在。執行某事業就會被分配一筆錢，代價是無法自由運用這筆錢，有批評聲音認為是因為這樣造成事業無法順利運轉。

然而，最大的問題不在於金錢或是條件，說到頭來，是傳統型的「計畫行政」已經不再通用，但我們至今仍採用往昔的作法，才會引發嚴重的問題。

關鍵的不是「供給」，是「需求」

在持續成長的時代，事前建立計畫十分容易，即使沒按照計畫進行，拜經濟與財政擴大所賜，問題也能在事後得到解決。在「擴大的社會」中，如何迅速、正確、認真地供給，是計畫的基本。需求理所當然會增長，因此幾乎沒有必要考慮它。

地方公所主導制定基本計畫，切確遵守規則，一邊限制過度開發，一邊來整治地方都市。只要這麼做，民間就會建設大樓、開店、蓋工廠。簡單來說，那是個需求會隨著供給出現的時代。

然而，在縮小型社會中，這種情況逆轉了。需求不斷減少，即使遵守規則認真供給，也無法與需求達到一致。可怕的是，一旦初期的計畫失敗，之後需求也會越來越稀少，讓地方幾乎無法再生。

正因為如此，一開始就要確保需求，因應實際的需求，讓事業規模最適化，這樣與以往「完全相反的程序」必須成為計畫論的基礎。「供需逆轉」大幅改變了地方社會結構的前提，我們必須站在這樣的前提上，重新審視計畫的定位。

「計畫主義」的三道界限

此外，將來在越來越不透明的縮小型時代中，要做到事先制定計畫、取得所有人共識，然後做出成果，會面臨「三道界限」，我們必須一一對應。那麼，是哪些界限呢？

⊕ 界限一：計畫階段，是情報最少的階段

在事業初期可預見的情報極為有限，任何事都是隨著走過一道道程序，情報量逐漸增加，才能做出正確的決策。換言之，計畫階段是情報量最少的階段。

因此，從一開始就要看清：用事業開始階段所得到的情報「本來就無法制定正確計畫」。

我們應該根據事業推進中所獲得的情報，不斷改變執行的規模、內容等。因此，必須在初期設下「調整」的時期和標準。依情況而定，為了能毫不猶豫地果斷撤退，在初期也必須設下撤退標準。

傳統的計畫論中所重視的「一貫性」，在此處沒有意義。我們不光要訂出目標數值、年度時程，還要加註注如果在這個時期沒達成這項目標就要修正，或是中止，像這樣在事前加入修正、撤退條件很重要。

⊕ 界限二：獲得預算成為目的，計畫就會「表面化」

如果為了預算而制定計畫，獲得預算本身變成目的，就會做出「表面化」的計畫。有時我們會聽到類似「這只不過是為了拿到預算的形式」這種藉口，但組織決定的計畫，在往後數年都會束縛住該組織。勉強用計畫獲得補助金或交付金[1]，以這些資金進行事業，結果不用說自然是失敗，在地方留下巨大的禍根。

為了預防表面論，必須明確各個事業的責任，在個人與組織所能負擔的範圍內實

1 補助金與交付金：前者對象為一般民間團體，後者對象多為地方政府。交付金的金額較龐大，二者皆沒有償還義務。

行這些責任。表面論的橫行，就是因為個人沒有負責任的意識。我們必須明確規範依照計畫執行的各項事業責任所在，在初期合約中，就訂定好當個人與組織成功或失敗時的處置。

⊕ 界限三：以「共識」為優先，未來就成了次要

在制定計畫時，常會聽到有人說「一定地方的人都達到共識才行」。在擴大型社會裡，計畫可以不斷附加上去；但在縮小型社會裡，就必須先定出執行的優先順序。然而，如果直接這麼做，就無法取得共識。

現在的地方人士，往往是「整體贊成、細節反對」，要在細節上取得共識實際上極為困難。以前以達成共識為優先，「曖昧不明」的計畫會被採用的原因就在於此。

解決方案之一，就是決策者由所有人的共識來決定，但關於細節則完全交給相關負責人作取捨。這和代議制民主或股份有限公司的董事會是一樣的思維。

舉一個例子。近來日本全國各地進行了活用空屋，改造空屋為店鋪或民宿的「再生事業」。在人口減少的情況下，這對地方創生來說是非常重要的事業。

其中的失敗案例，採取的就是傳統型計畫方法。這些案例都在加入許多人的協調

會中，訂定了「華麗的計畫」，以此為根據，地方政府發放補助金，進行浩大的改造工程。

而另一方面，成功的案例則是從一開始就一邊推行業務，一邊根據實際需求修正計畫。換言之，在一開始就與進駐的人們簽約，為了讓投資能完全回收，根據進駐者所能支付的租金，來確定改裝工程的規模。資金也以民間的投、融資為中心，設計成能確保營利的機制。

舉例來說，在北九州市小倉所展開的地方事業中，以北九州為中心，由產官學連結制訂了「小倉家守構想」，但構想僅止於概要。個別企畫是由民間主導，將各自的責任明確化，由複數的不動產所有者、建築家來實行。

北九州市是隨著產業空洞化等原因造成人口嚴重減少的大都市之一，根據這項活動，在三年內有十間以上的物件會獲得再生，創造出總計三百人以上的就業與雇用，中心地區的交通量也會增加。事實上，該地過去也曾推行跟隨國家方針的「中心街道活化事業」，卻未出現成果。轉換方針，轉為符合今日的縮小社會的計畫及實行方式後，成果便一下子顯現了。

受限於過去做法是問題的根本

讀者又是怎麼想的呢？問題並不在於預算多寡，或是外在環境更加惡劣，而是在於受限於過去的做法。只要運用對應縮小型時代的方法，無論環境如何艱難，都一定會有「合身的解答」。

若制定出非現實的計畫，計畫破滅時就會十分悲慘。到時，要付出代價的是未來的年輕人或孩子。

在地方活化的相關計畫上，重要的不是「現在這群熱血沸騰的大人們」的願望，而是即使最糟的情況也能對應的「考慮到未來的現實主義」。

無論如何，我們必須停止制定魯莽的計畫，被計畫束縛，「明知不會成」卻將有限的金錢投進去。脫離表面性計畫的束縛，轉換為即使是小規模卻能踏踏實實累積成果的方向。

03

故鄉納稅

不因為稅收而低價競爭，在市場決一勝負吧！

有「明年減半」的風險

近來在討論地方活化×金錢時，不可錯過的話題就是「故鄉納稅[2]」。

原本，「故鄉納稅」是讓在地方出生、長大的人或住在都市地區的人，即使身在都市，也能藉由故鄉納稅來支援故鄉的稅制優惠政策。

然而，近幾年此政策因為「不但能抵稅，還能拿到地方的特產品，相當划算」，而人氣大漲。舉例來說，個人分別向五個地方政府各繳納一萬日圓，共五萬日圓的故鄉稅，超過兩千日圓的部分，也就是四點八萬日圓就能從居住稅・所得稅中扣除，還能從五個地方拿到謝禮，這對個人而言相當划算。二〇一五年度的日本「故鄉納稅」約達一千六百五十三億日圓，大幅成長為前年度的約四點三倍（圖表4－1）。

2 一種支援地方，對地方政府的捐款制度。款項可抵扣個人居住稅與所得稅。

另一方面，地方政府為了獲得「故鄉納稅」，產生了高價謝禮的競爭。對於這種遠離了稅制本質的狀況，日本政府也提出了警告。現狀若是持續，對地方而言別說是活化，對產業及財政都可能會產生負面影響。

連結到地方衰退的三項扭曲

在此，我想指出故鄉納稅會形成地方衰退主因的三項扭曲。

⊕ 扭曲1：用稅金「廉價出售」地方產品的扭曲

當地方得到故鄉納稅，地方政府會從當地企業、生產者購買當地產品作為指定謝禮。甚至有地方政府納稅金額的一半都用在謝禮，大量的地方產品被寄送到都市地區。然而，這並非代表地方產品的價值被正常肯定，或市場交易在擴大。這只是在活用稅制讓地方產品形同免費發放，地方的出貨量增加，都市地區收到地方產品的一方也感到欣喜。

有一部分的人還提出「是先寄樣品，下次再讓他們買，我們在開拓新顧客」，但情況沒有那麼簡單。

圖表 4-1　故鄉納稅額

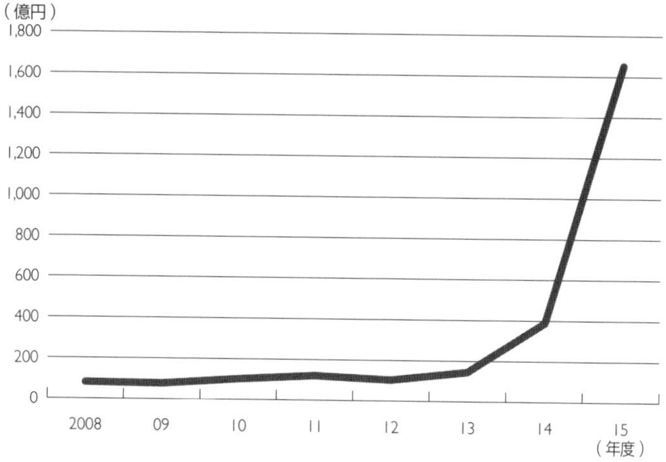

©（出處）根據國稅廳資料由筆者製成

類似的地方產品多不勝數，要讓顧客用正規價格去重複購買第一次幾乎是免費收到的商品，是難度相當高的賭注。

除此之外，將以往要以正規價格購買的商品幾近免費發放，不僅對於新顧客，對既存顧客也可能帶來影響。

若是希望透過地方產品的販賣活化地方，就必須用適當的價格營業，累積販賣成績。把稅金用於廉價販賣的促銷費用，會削弱產業原有的競爭力，與加速地方衰退的補助金產生同樣作用。

⊕ 扭曲2：加速當地產業「依賴地方政府」的扭曲

這個做法，還會讓當地產業更加依賴地方政府。

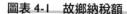

地方政府接收到的故鄉納稅的金額越大，從當地企業・生產者購買作為「謝禮」的商品總額也越大。這是從稅制而來的確保財源，對當地企業、生產者而言，是讓地方政府收購大宗商品的「划算生意」。地方政府為了拚一口氣，不被其他地方超越，也會拚命從當地找尋優秀產品，加入謝禮陣容。

一部分生產者會以故鄉納稅的短期銷售為優先，將以往對下游出貨的商品數量挪為謝禮。每年能被收購幾億日圓的新市場，對於地方的中小企業、生產者而言絕非小數目。

這樣的情況，會不斷提高當地企業、生產者對地方政府的依賴度。

今後我們必須戒慎恐懼的，是「對於變動的應對」。

故鄉納稅也有競爭，民眾對於各地方政府的納稅額無法保證會持續成長，急遽成長也可能反動，產生上下落差。故鄉納稅減少，比方說一個生產者之前有五百萬日圓謝禮銷售額，隔年可能跌至五十萬日圓，這種情況相當有可能發生。當這樣的變動產生，對於當地企業、生產者而言，會是不小的衝擊，也會成為左右經營的重要因素。

⊕ 扭曲3：納稅增加＝支出擴大產生的地方政府財政的扭曲

原本地方政府就是因為稅收不足，獨立財源的「故鄉納稅」能讓稅收增加這點成為魅力所在。而現在甚至出現了故鄉納稅金額超越了一地的稅收的情況，同時，由於故鄉納稅財源的一半須用於從當地企業、生產者購買謝禮，在政治面也容易受到當地支持。種種原因，讓地方政府紛紛加入了爭奪故鄉納稅的競爭。

然而，問題在於一旦獲得了故鄉納稅，事情就直接演變成「怎麼使用這項預算」的討論。儘管只是暫時性的收入，地方政府就成立了每年都需要編列預算的居民服務類事業（社福、醫療、交通、活化活動等），增加支出，以獲得人口為目標的「服務大戰」趨於白熱化。

在補助金的章節也提到過，如果進行和以往相同的「如何把預算花光」的競爭，那麼就算故鄉納稅到了地方，地方也不可能活化。甚至，在人口縮小型社會的到來中，還會加速衰退。

透過稅制優惠將地方的產品廉價販售，彼此競爭獲得的稅額，這種誰都可以加入的單純競爭，即使能讓稅收暫時性增加，能讓地方產品流通，但副作用卻更嚴重。因此，我們必須盡早重新檢視納稅額與謝禮的比例，設定從各企業、生產者的調度總額上限，也必須設法讓納稅財源活用於地方政府的精簡化等，做出改善。

不是「削價競爭」，而用「創造價值的競爭」

原本，想要打造出地方的獨特魅力並維持，需要的不是「短期間內得到的金錢」，而是擁有自己的價值觀、能「持續營利的組織機制」。

當然也有地方政府會以自身的願景為基準，將稅收活用於事業計畫調度，但仍在少數。今後，平地外圍到山地地區、離島，有一定規模的地方都市，都必須依據個別的資源狀況，提出對納稅者、居住者、當地企業有利的新事業企畫。只要目標是地方活化，事情就不是拿到預算用完就好，而必須是成立能確實擴大收支的「事業」。

不靠自己思考，而是跟著國家建立的制度做同樣的事，結果是花了大筆稅金但至今地方依然在衰退，我們不能忘記這個教訓。那麼，我們更應該思考「為什麼讓故鄉納稅重蹈覆轍」？

個人能選擇一部分的納稅對象，這種機制，對於以多樣化價值觀為基礎的成熟社會實踐而言是正面的。正因為如此，選擇型捐款制度不能用「以謝禮為餌、因為謝禮才選擇」這種淺薄的做法來進行。

此外，無論什麼時代都會有不少人誤解，以為暫時性的收入增加等於「地方活化」。

然而，這種暫時性的收入增加，以往也曾來自政府的補助預算。眾所皆知，這並未解決地方的課題。相反的，被重點分配到預算的模範地區，有不少反而走向重大失敗。

正如以上的說明，除了因為當地經濟活化所增加的稅收，其他暫時性的收入增加，都會造成地方政府的經營變質，除此之外，因謝禮而造成當地的經濟過度依賴公家支出，也會腐蝕當地經濟。

像這樣，越是因為故鄉納稅而活躍的地方政府，故鄉納稅對地方經濟與地方政府財政帶來的變化也越大，不得不擔心此做法未來的副作用。談到地方活化對於財源的理解，有許多人無法區別財源究竟是來自組織變革後賺取的收入，還是只是一次性得到的收入，最後大家都湧向能快速入手的財源。

光看故鄉納稅這件事，這樣的問題就浮出了表面。

04

江戶時代的地方創生

為什麼二百年前成功的事現在做不了？

將江戶的智慧活用於地方創生與財政重建吧！

說起來，日本地方衰退的問題不僅限於現代，還可追溯至江戶時代（西元一六〇三～一八六八年），從前有效的解決方式，放到現代有不少仍然充滿智慧。江戶時代，各地方的藩採取明確的獨立財務，地方衰退就是生死問題。別說當時不像現代有國家分配的交付金，地方的藩還必須向幕府繳納年貢，情況比今日更加嚴峻。

在這樣的時代裡，面對農村衰敗與處於破產前夕的藩財政的改善，有號人物拿出了顯著的成績，他的名字叫做二宮金次郎（尊德，西元一七八七～一八五六年）。事實上，他正是江戶時代後期到末期，認真思考如何地方創生的先驅。

金次郎是拯救了六百個人口減少農村的地方再生專家

提到江戶時代，大家是什麼樣的印象呢？事實上，儘管在前半期有急遽的人口增加，但江戶中期以後，日本全國人口幾乎呈現持平。雖然有地方落差，但江戶時代中後期，因為饑荒等因素，有越來越多地方有人口減少的煩惱（圖表4－2）。

其中，相當於今日北關東[3]地區的人口減少十分激烈，甚至留下了自一六〇〇年到一七〇〇年代前半為止，由原本僅七十萬的人口急遽成長為兩百二十萬人後，到一八〇〇年代為止，又減少至一百六十萬人的紀錄。

在北關東貧困的下野國・櫻町領（栃木縣二宮町，現在被編入真岡市）這片土地，創下地方再生偉業的，正是二宮金次郎。

金次郎出身於今日的神奈川縣小田原市。百姓時期便顯露才能的他，在小田原藩的家老[4]、服部家擔任武家奉公人[5]，因為重振了服部家的財政得到了小田原藩主大久保忠貞的青睞。下野的櫻町領是藩主的分家領地，交給了他來重建。大獲成功的金次郎隨後被命為幕臣，連對德川家來說十分重要的日光地方的再生事業也被委任於他。

提到二宮金次郎，在我所接受的教育中，他是被設置在小學校園一角，背著柴火，

3 指茨城縣、栃木縣、群馬縣、埼玉縣。
4 武家家臣團中的最高職位，輔佐幕府將軍或藩主管理。
5 奉侍武家的僕役。

圖表 4-2　各地區人口變化（1721～1846）

江戶時代中期到末期有五個地區人口減少。
其中在人口減少最劇烈的北關東，每年估測減少 1％以上。

地區	人口變化率
陸奧（東奧羽）	-18.1
出羽（西奧羽）	4.0
北關東	-27.9
南關東	-5.2
北陸	17.6
東山	13.2
東海	10.5
畿內	-11.2

地區	人口變化率
畿內周邊	-5.1
山陰	23.6
山陽	20.2
四國	26.8
北九州	6.8
南九州	23.6
合計	3

©（出處）作者根據速水融等學者編著的《歷史人口學的先驅》（東洋經濟新報社）所製作。

一邊工作一邊念書的「勤勉與勤勞」象徵。我想許多日本人應該也是這樣的印象。然而，事實上他並不是照著父母的話，因為純粹的「勞動」而背著柴火。那個雕像，是他用自己的小錢在山上租了一塊地，砍樹後販賣當時被視為「重要燃料」的「柴」，奮力拓展能源事業的姿態。隨後，他用這筆錢，建立了低利貸款給人們支撐生活的金融事業，他也是一名創業家。

　除此之外，他以這些事業經驗為基礎，重建了窮困地方，也就是以現代所謂的「地方重建專家」身分大為活躍。

再生的第一步，讓地方收支轉虧為盈

說起來，為何地方會陷入窮困呢？無論是以往或今日，問題的本質都未改變。地方會陷入窮困，是因為政府與民間的各種事業都是赤字。

赤字的惡性影響，不僅僅在生活窮困負債度日。未來沒有希望的生活，還會荒廢身心。

因此，地方再生的第一步，就是扭轉慢性成為赤字的財務狀況。

簡單來說，赤字就是支出超過收入太多。

江戶時代後期與今日的日本相同，伴隨著人口減少，幕府財政開始出現赤字，許多藩的財政也同樣是赤字。二宮金次郎認為，無論幕府或藩（今天的政府或民間），又或是農村或都市，所有人都應該達到收支盈餘。

二宮金次郎的方法就是「分度」。簡單來說，就是根據收入來決定支出，轉變體質。

在制定地方的再生計畫時，他首先為了增加收入，為了讓各種沒在賺錢的資產開始進帳，徹底地推行了「業務活動」。

舉例來說，就連長在庭院裡的梅樹的梅子都能賣。儲備在糧倉裡的米，則是觀察大阪堂島的市價，再以高價賣出。除此之外，他讓奉公人去砍後山的樹，作為柴火販賣，所得收入基本上分與奉公人，給予他們努力工作的動機。

另一方面，他削減「過度使用」的預算，以合於收入的規模最適化。

比如，在當時，柴火與菜籽油等燃料費非一筆小數目，若把沾黏在鍋底的煤灰搓落，就能改善燃料的消耗率，他因此想出了讓煮飯的人「將鍋底的煤灰徹底清除，積到一升，就用二文收購」的規則。

像這樣，不光是「削減經費」，也提出具體方法。改善了燃料費支出，他將多出的部分再用於提升工作人員的動機，讓他們能夠積極參與「搓煤灰」行動。

令人驚嘆的「智慧」。

「新的賺錢方法」和「削減經費」。從兩方面引導出大家的意欲，透過每日的微小積累，達成了財政、事業的營收。

在人口減少、生產力也不斷下降的情況，如果像以往一樣花費，就算有再多錢也不夠。首先必須營造出符合自身能力的狀況。並且，達成的方式必須具體、能讓大家想主動參與。

為了讓各自進入展現出各種「智慧」的狀況，設計了嚴守收支的目標「分度」。

用地方集資的金融，投資再生事業

事實上，二宮金次郎不僅守護了收支，還借金融的力量富裕了民眾生活，達到地方活化。舉例來說，為了解決民眾無力償還的外地高利借貸，他提供地方人民低利融資的轉貸。

接下來才是真工夫。

他與借款人一起制定「轉貸借款」的償還計畫，讓他們擁有明確目標，找回生產意欲。待貸款清償，便以他們的謀財能力為基礎，再給他們一年份的追加資金，組成基金，作為給其他有困難的人，或是自己將來需要錢的時候的低利融資的資金，加以活用，此方法稱為「推讓」。

如先前所述，由奉公人販賣後山柴火，大家遵守「分度」賺取金錢，對於剩餘的錢，他還讓民眾明白「大家用完的話錢就這樣沒了」。

他教給人們的，不止於分配利益，而是把錢當作基金再投資、融資到下一個事業，那是經過數年、數十年會成為龐大資金的複利計算概念。換言之，他不光讓事業產生盈餘，還創造了將以此產生的金融收入再分與地方人民的機制。

一旦有借貸，借款在複利下會像滾雪球般快速膨脹，折磨百姓。相反地，站在運用方的角度，錢會生錢。他告訴了我們，只要適切地運用，（借貸）能拯救眾人，甚至讓人們的生活更富裕。

盈利與地方金融的機制建立必須加緊腳步

從事地方創生事業，或思考地方的自立時，我們從二宮金次郎的活動以及體系化的『報德仕法』[6]中可以學到許多。

6 二宮金次郎所主導的財政重建政策總稱。報德仕法主要在鄉村實施，目標是富國安民，內容包含了對農民與下層官吏的教育，「分度」與「推讓」為主要手法。

今日的地方，無論政府、企業、家計所有方面都需要「分度」，確實思考生財方式並在節流下工夫，考驗如何達成盈餘的智慧。光是毫無限制不斷借款，從中央獲得的支援金也被赤字事業吞噬的話，離地方創生還相當遙遠。今天日本地方的狀態是，利息的支付膨脹，資金以複利從地方流出。

正因為如此，關於地方的事業必須以地方內的資金來周轉，這種金融智慧是不可或缺的。個別的事業若能確實達成盈餘，自然能夠借貸。以地方人士集資的基金借貸給地方上每個事業活動，事業的獲利不僅能支付利息，地方人士也能得到利息收入。比起從中央拿錢坐吃山空，只要幾年，地方就能讓這些複利開始運轉。和現在的嚴峻狀態相比，情勢將完全逆轉。

如何在地方創造這種簡單且具有原則性的環境呢？日本現在在地方上有許多事業正興起。我認為向過去學習，由那樣的觀點來重新評價現代事業，意義也有所不同。

將二宮金次郎遺留下來的智慧與現代的問題做個對照，我們可以看到地方創生應有的一種姿態。不是永遠向國外地方活化案例借鏡，也可以從面對江戶末期人口縮小問題的農村地區的再生手法中，找到許多值得學習的點。

此外，二宮金次郎將他的方法確實地體系化，集結成「報德仕法」，關於他的事業案例也留下了許多書物。

為什麼在江戶時代地方活化能做到正視「金錢」，現代卻不能呢？我想不是不能，只是沒去做。確實反省近年的失敗，學習同樣面臨都市縮小或都市中心區衰退問題的其他國家如何獲得成果，同時也學習自己國家歷史上經過實踐獲得成果的地方活化方法，就沒有不能解決的問題。正是在今日，我們需要的是不再逃避、認真面對金錢問題的地方活化。

地方活化的方法當中，存在普遍的思考和技術。日本經歷過的人口減少社會的再生手法，是否還有許多值得我們學習的部分呢？

第 4 章
金流的觀察 危險度 檢測表

01

- ☐ 認為有補助金事業成功率會提升。
- ☐ 認為如果不用背負風險每個人都能挑戰創業獲得成功。
- ☐ 認為既然使用稅金就不能賺取高額利潤。
- ☐ 認為因為補助金太少地方才會衰退。

▶ **創造「賺錢→投資→再賺錢→再投資」的良性循環吧！**

02

- ☐ 認為在制定計畫時必須尊重地方上的倫理。
- ☐ 在內心某處覺得「這樣不可行」但還在進行。
- ☐ 認為不能變更最初的計畫。
- ☐ 認為關於地方活化的計畫中不可光談財務。
- ☐ 認為從一開始就考慮最糟的情況是觸霉頭。

▶ **整頓出即使陷入「最糟的情況」也能對應的體制吧！**

03

- ☐ 認為在謝禮競爭中獲勝、增加故鄉納稅，地方就能活化。
- ☐ 認為難得收到的稅收要盡早用完。
- ☐ 認為地方商品應該由政府主動推行業務。
- ☐ 認為地方產品因故鄉納稅大賣的話，企業競爭力就會提升。
- ☐ 認為如果讓顧客試用（吃）謝禮，第二次就能以正規價格賣出。

▶ **擺脫「廉價競爭」，以市場的適當價格來販賣吧！**

04

- ☐ 赤字體質是常態。
- ☐ 認為比起借來的錢，收到的錢對地方事業更有幫助。
- ☐ 沒有重新檢視地方的經費。
- ☐ 還不太懂什麼是「金融」。
- ☐ 看不懂「資產負債表」、「損益表」。

▶ **徹底堅持「新的生財方式」與「削減經費」吧！**

地方特產
$

第5章

將「個體力量」提升至極限

組織的活用

在推進地方活化時，會遇到三道牆。

第一道是「事業的牆」。將地方整體視為一間公司，必須以橫跨政府、民間的角度，創造能夠盈利的事業，這主要是民間方應該突破的障礙。

第二道是「制度的牆」。地方活化最重要的是「憑藉自己的地方的力量，實現其他地方無法做到的事」，因此通常需要鬆綁法律、制度等限制，而這主要是政府方應該突破的障礙。

最後一道，也是最大的障礙，就是「組織的牆」。這是不分政府機關或民間，在各個地方都會發生的障礙。不同於事業或制度，組織是個人的集合體，是相當個人化、情感性的事物，由於直接與個人的生活或自尊相連，自然難以突破。

因此，能夠確實取得成果的地方活化事業當中，有許多並不是致力於「讓既有的組織產生變化」，而是致力於「創建新組織」，來突破這道障礙。

組織的對策，需要有「攻」、「守」兩面。

為了引領新挑戰，建立起「進攻」的組織相當重要。為此，成立新組織，將適切的人才集合起來的作法較為有效。舉例而言，當我在熊本市中心的商店街與當地夥伴共同開創事業時，不是依靠商店街振興公會、商工會議所、中心街道活化協議會這些既有組織，而是以自己的資金，設立了名為熊本城東管理的公司開始一切。

此外，以「能獲利的公民合作」做出成果的紫波鎮，則是創建了名為ＯＧＡＬ紫波的新公司，且財源不再來自政府的交付金或補助金，而是轉由向當地金融機關調度，與完全不同於傳統的方式來進行。

另一方面，關於地方事業，許多有力人士明明不負擔資金，也不協助事業，卻自以為參謀隨意提出意見。針對這種情況，我們會使用「防守」的組織對策。在成立熊本城東管理時，我們組建了協議會，集合政府、大學、商店街、ＮＰＯ等相關人士開會；同時，在關於公司經營的決策上，則只由股東兼董事的四人來定奪。紫波鎮的事業同樣是一邊聚集鎮民，召開名為設計會議的開放式會議，向鎮民徵求負責任的意見，由專家當場回答該提案的優缺點加以解決，採取了「防守」對策。

將力量用於改變組織，這件事本來就是緣木求魚。我們應該斬斷過去的常識和習慣，建立適合的新組織，同時面對來自既有組織的壓力也能堅固防守。藉由這種方式，創造出當地需要、具競爭力的事業是十分重要的。

01

撤退戰略

絕對必要的事物不被放進計畫的原因
來討論能連接未來、積極的「中止與撤退」吧！

組織發生重大失敗的時刻。

這並不是挑戰失敗的時刻。應該說，儘管失敗的預兆已經出現，卻放置不理，在「不撤退的時候」，組織會犯下嚴重失誤。

話說回來，任誰都做不到從一開始就達到完全的成功。挑戰事業時，也許有些人會偶然成功，但99％的人都會經歷失敗。然而，察覺失敗的預兆、進行大幅變更，或是就此從事業當中撤退去挑戰不同事業。在這樣的過程中，會孕育成功。如果真正想要成功，就不會做出照原先的計畫衝到底的傻事。

儘管如此，組織有時會不自覺做出缺乏常識的事，把推進原始的計畫當成最高宗旨，即便發現「無法按照計畫進行」也不予理會。當損失不斷擴大，失敗氛圍濃厚，就想盡辦法掩飾，回過神來時已經造成巨大的損失，這樣的事情經常發生。

更別提，當我們審視地方活化事業的基本計畫時，幾乎可以說沒有任何一項計畫提到失敗時的撤退戰略，完全沒有。

在此，我將說明組織決策時所需要的「撤退戰略」。

從計畫的初期階段起，責任所在就不夠明確

所謂的撤退戰略，就是在計畫中，加入「當某項事業不符合這種條件時便中止，低於當初計畫的這種水準時便撤退」這樣的條件，然而我們在地方活化事業的基本計畫中，卻完全找不到這些。

觀察地方政府等的事業，可以發現「一開始以活化為目的而開始的事業，在中途發現做不下去，事實上計畫已經失敗」的案例不計其數。

然而，幾乎在所有的案例中，大家都害怕將責任所在明確化，於是在無計畫下持續投入資金，到了發現時已累積巨額的浪費。被期待能「點燃地方活化」的企畫，在另一種意義上引爆了，這種讓人笑不出來的笑話在全國各地都可以看到。

以經營的角度來看地方活化事業，在「如何成功」之前，不用說，更重要的是「事

先決定失敗時『在適當的時機點下，在尚未造成致命傷前撤退』」。因為，地方經營的根本在於，比起企業更應該重視「持續經營（Going Concern）」（＝持續性）。

未設定撤退戰略時的「兩種風險」

如果地方政府首長不考慮這些，為了一時的矚目拋出一個又一個華麗企畫，在沒有撤退戰略的情況下往前衝，往後，地方便會面對險峻的形勢。

為了讓大家牢記，我們來整理一下想法。當沒有設定撤退戰略（撤退線設定）時，問題點大致有兩個。

⊕ 風險一：失敗時傷口會更深

首先第一個問題，是「失敗時傷口會更深」。

當情況明顯惡化，若沒有撤退戰略，就會出現無法客觀討論「已進入了該撤退的時期」的基本問題。

當情況惡化，相關人員無論如何都不會想要承認失敗，撤退的決定經常下得過遲，結果一開始以盈利為目標的企畫，為了逃避責任，變成以別的預算來填補決策延遲下所出現的虧損。別說是活化了，還經常製造一堆赤字，不僅沒有為地方帶來成效，反而造成「衰退加速」。

⊕ 風險二：無法設定撤退線的組織，事業更脆弱

另一個問題是，從一開始就無法設定撤退線的事業，原本就容易失敗。

在事業的初期階段討論撤退線，有些人會說是「觸霉頭」、「別一開始就討論失敗」。儘管討論撤退線的意思並非「失敗吧！」，但有時會形成一種從一開始就堅持只能談論成功話題的論調。

被委任的團隊從初起階段就無法討論重要的撤退設定，當大家被這種氣氛包圍，代表著他們身處於認定自己是特別的因而輕忽競爭，無法客觀冷靜地討論或判斷狀況的環境。

想當然耳，他們所推進的事業也容易偏頗，或容易走向「形式化、程序化」，無法確實正視實際的狀況，或柔軟地變更一開始的計畫，引導出成功所需要的改善。

事業的成敗，關鍵不在於無謀的投入，或只有程序嚴謹的「形式上的一貫性」，而在於能面對經常變化的情況的柔軟性。說到頭來，無法討論撤退線話題，這個情況本

身對於事業團隊而言，就是一項重大的「警訊」。

逃避失敗的責任，「追加的債」也就更多

為了地方活化，政府會制定龐大的計畫，投入龐大的稅金，進行公共設施或商業設施開發，或是重新整治公共交通網絡等。

然而，如果這些事業完全無法達到預期成果，再加上事業本身的經濟無法獨立，持續依賴公家財源，活化事業就會變成地方政府的財政負擔。

在全國各地有許多像這種「付出了高額代價」的負面案例。

本書提到的青森市的ＡＵＧＡ，不只從計畫階段開始就有問題，儘管已經失敗，仍舊沒有提出根本性的解決方案。就結果而言，我們清楚知道當設施經營失敗，地方政府仍舊持續進行臨時性支援，所投入的預算自設施完成到目前為止，總計超過了兩百億日圓。這座設施當初的開發費用是一百八十億日圓，也就是說，政府等於是將遠超過開發費用的預算，花在「掩飾失敗」上。

山梨縣南阿爾卑斯市的六次產業化設施「完熟農園」也是如此，初期階段該市就投資了約八億日圓。然而，開業三個月面對資金周轉短缺，陷入了經營困難。當時完

全沒有從根本重新審視經營，地方政府當場投入了五千萬日圓的緊急融資。不過，該事業在開業不到一年後破產，資金打水漂再也回不來。

類似的案例其他還包括：岡山縣津山市的ALNE津山、山梨縣甲府市的KoKori、福岡縣北九州市的COM CITY等，不計其數。換言之，不光是出現問題會造成負債，當問題出現，如果用「臨時修補」的方式來規避責任，那麼所須付出的代價就會更高。發現失敗，我們必須迅速地清算負債，暫時性撤退並從根本上檢視作法，正因為大家遲遲不這麼做，才會造成問題擴大。

像這樣，地方活化的事業沒有從起初就設定撤退條件，倒閉時會有責任歸屬問題，也因此相關人員都會想辦法掩飾下去。即使有了重建計畫，也幾乎不是根本性的治療，拖拖拉拉地重複投入小額的「緊急過渡」預算，結果當發現時已形成了龐大損失。

除此之外，在這樣的過程中，事業的負責人會交替，有時就連市長級的首長也會在選舉後換人，責任歸屬因此變得曖昧不明。接受委託的部分事業民間業者紛紛表明「我們只是受行政機關的委託在做而已」。結果，這種不幸的地方活化事業就在負責人的位子空著的狀態下，無人作出撤退決策，在惰性下持續運轉。

那麼，我們該怎麼做呢？原本，在超過「某個一定階段」後，就必須將過去的投資當成是「沉沒成本（無法回收的費用）」而放棄。如果沒有將一切歸零，即使支援經營也不會有效。失敗後誰也無法決定是否撤退的企畫，會慢性、不斷地奪走地方的人力、物力、財力。

因此，必須在一開始就設定撤退條件。這不是讓某人在某時做出決定，而是必須制定一定的規則。如果企畫在屬人的型態下展開，若初期沒有設定撤退條件，就會像前面所描述的，首長或負責人容易認為「只要在任期內過關就好」，容易傾向投入無謂的金錢。

今日，許多人主張地方創生也要設定KPI（關鍵績效指標），或透過PDCA（Plan-Do-Check-Act）循環加以檢驗，但是比起這些，更重要的是撤退條件。

在低於目標何種程度時，要中止企畫？從一開始就明確決定後才行動，是一切的基礎。我們必須停止這種「遇到危險時有人會幫我們決定」的樂觀觀測。尤其是在縮小型社會裡，一個失誤可能就會成為地方的致命傷。

所謂撤退戰略，是「連結未來的積極作法」

當我們在地方與夥伴共同推動事業時，會在一開始就設定時間軸、資金軸的大體輪廓。例如「如果超過哪一段時間還無法實現事業，就中止」、「虧損超過這個金額的話就中止」。

事先就決定好，這樣萬一到了符合撤退條件的狀況，就能毫不猶豫地說出：「在這裡重新思考一下吧。」若非如此，就會演變成：「再努力一下吧」、「再多投資一點，就會有辦法了」這種要或不要停損的爭論。

在地方活化事業上，與成功同樣重要的一件事，是不要出現重大失敗。如果有了重大的失敗，要再度挑戰就會相當困難。地方的事業，關鍵總是在於「能重複多少次挑戰與失敗」。

挑戰，若情勢險峻就先收手，改變方式後再度挑戰。為了能夠持續重複這樣的過程，不能出現重大的失敗。在初期談論撤退條件，絕非消極，而是能連結未來的積極作法。

02

顧問公司

蠶食地方的人
貫徹自行思考、自己行動的「自給自足主義」吧！

如前文所述，在整體計畫中，納入撤退戰略的重要性不言而喻，但這樣的計畫卻十分罕見，為什麼呢？

其中一項可能的原因，在於擬定計畫的人不是實踐的人，而是顧問。

也就是說，計畫交由顧問制定，然後由不同的人來實踐。這樣一來，顧問的業務變成不是透過實踐做出成果，只是「制定計畫」本身。委託的地方會提出「給我們只要照做就能成功的計畫」這樣的無理要求，顧問方也不希望在一開始就因為提到「失敗情況」而被中止合約，因此不會在計畫中加入「變更條件」和「撤退條件」事項。

像這樣，將「制定計畫」交給不負最終責任的外部人員，這件事本身就是一開始就導致失敗的原因。

此外，地方政府認為是「專家」的顧問，當中有許多都未曾自己肩負風險、在地方挑戰事業，就只是「熟知地方活化領域」的人。就像了解汽車的人不見得就能製造汽車，讓實際上沒有親身投入活化事業的人擬訂計畫，並無法保證會帶來成功。再加上委託者若經驗不足、沒有辨別能力，甚至可能僅靠公司名等就做判斷並委託。在這種雙方的隨意媒合下，別提撤退戰略了，就連最初的計畫本身都經常出現輕率內容。

在此，我們就來一探會扭曲組織決策的「徒有其名的顧問」問題。

隨著地方創生而出現的「顧問熱潮」

今日，關於地方創生，日本政府定有「地方、人、工作創生的綜合戰略」，以此為根據，全國的都道府縣與市鎮村再擬訂具體政策並實行。

地方政府投入了大量預算在戰略擬訂上，於是來自日本全國多達一千八百個地方政府的「排山倒海的外包」，讓顧問應接不暇。

一直以來，只要提到地方政府在地方活化的業務，就會讓人想到設施開發要叫顧問加入，商品開發要委託顧問，委員會的事務局也由顧問來主導，所有一切都外包給被稱為顧問的「人」或「公司」。

然而，看看現狀就會明白，正是因為這樣的作法，地方才會不斷衰退。不靠自己去思考「地方的未來去向」，而是將一切交給顧問，是無法期待「成果」的。

顧問搭上成功地方「順風車」的問題

那麼，為何將地方活化交給顧問，並無法讓地方再生呢？

在地方活化的領域，不光是政府官員，所謂的顧問也經常以「考察」的名義造訪現場。在地方創生中受到矚目的地方，請他們「教教我們怎麼做」的考察蜂擁而至。

話說回來，國家或地方政府的地方活化，是在各地以競標（提案式競爭）方式進行。令人訝異的是，有些顧問在得標後才首次到其他成功地方考察，請他們傳授作法。這件事本身就相當詭異，等於是自告奮勇接受了自己不甚了解的事業委託。

此外，我們時常看到許多前來調查的顧問，連基本知識都不具備，甚至幾乎沒有人曾經承擔風險去投資，在地方創立事業的人。聘來的顧問既沒有經驗，也不了解實務，只是因為工作就漫不經心地做著，憑著這樣的姿態，如何能讓地方再生？

問題不只這些。顧問明明從地方政府拿到相當金額的顧問委託費，對現場的實踐部隊卻僅支付微薄的費用，甚至連一毛錢也不付。就連大型企業也面不改色地這樣「搭順風車」，吃垮了成功地方的資源。

有些惡劣的顧問，會使用從成功地方拿到的資料，向其他地方推銷同樣的事業，甚至有人會謊稱「其實那是我做的」。

真正擁有創業才能的人，從一開始就會自己行動，不會等到接到案子才去考察。換言之，當地方創生到了交給「徒有其名的顧問」的階段，可以說企畫會走向失敗已經不是偶然，而是必然的了。

成功案例的「劣質拷貝」讓地方衰退

話說回來，連地方上成功的當事人都不認為按照自己的企畫就能「全國通行」，更遑論讀了點資料、諮詢了一兩個小時的顧問能夠想出什麼優質企畫，這是天方夜譚。

然而，在地方活化，還有補助金這項「絕招」。

即使是「有樣學樣」的惡劣企畫，只要用了補助金，就能做出外表光鮮亮麗的「假」計畫。

遺憾的是，假貨就只能是假貨。就算靠預算進行和其他成功地方類似的商品開發，實際上商品也幾乎賣不出去。即使開發了類似的設施，有許多也會陷入經營危機。

事業靠的不是「外觀」，而是「過程」，他們不懂：看不見的機制才是最重要的。

結果，靠著補助金做出與成功地方的事業似是而非的「劣質拷貝」，失敗後自然會變成負面遺產，加速地方的衰退。現狀是，這種惡劣的顧問遍地都是。

交給顧問形同失敗的「三個理由」

目前描述的，是惡質顧問會造成的問題，但問題不止於此。即使不是惡質顧問，地方事業從交給顧問的時間點開始，就會因為以下三個原因產生了妨礙，讓地方事業無法做出成果。

⊕ 理由一：供需的不一致＝需要的不是客觀建議，而是主體實踐

地方活化，需要的不是客觀的建議，而是為解決問題主動提供智慧並實踐。無論

得到再正確的建議，若是沒有能實踐的團隊，就毫無用處。

換句話說，非主體人士站在客觀立場提供的建議，不僅對地方活動沒有幫助，甚至會成為實行上的阻礙。地方上的事業，重要的不是客觀的分析，而是根據主觀上的決斷與實踐。

地方所需要的，顧問所能做的，這二者之間的供需並不一致。

⊕ 理由二：缺乏主體性＝地方政府的基本姿態是「依賴外力」

將計畫與事業交給顧問的當地也有問題。

「只要交給熟悉業務的人，不懂的問題能一口氣解決，麻煩的事也有人處理，能夠向前邁進」地方上有人會有這樣的誤解。可說這種依賴外力的姿態，正是地方衰退的一大原因。

即使是當地僅僅數人的小團隊也好，如果不痛下覺悟，自己提出成立事業的資金，實踐必須事項，超越種種障礙，就算雇用再優秀的顧問也沒有用。

⊕ 理由三：責任不明確＝因為用稅金，就算發生「三流結果」也沒人傷腦筋

顧問只擔任計畫、業務執行，即使他們會在業務範圍內執行業務，卻不是站在對

結果負責的立場。

被交付的工作按照程序好好辦事，他們做這些是一流的。但是，按照程序好好辦事，在地方活化的意義上，可能出現三流的結果。

如果是民間企業的話，做不出結果，最糟的情況是會破產。然而，委託顧問的財源多半是「稅金」，因此沒有人會追究責任。遵守制度、經常造訪當地、好商量又好用的顧問會受到當地喜愛，有沒有做出成果反而變成是「次要的」。

自行思考、自己行動的「自給自足主義」才能改變地方

那麼，難道沒有不依賴顧問、擔起自己的責任下成功的再生地方案例嗎？當然有。就是在第2章當中也介紹過的岩手縣紫波鎮的「ＯＧＡＬ」，紫波鎮的公民合作基本計畫與ＰＦＩ（Private Finance Initiative，民間融資提案）規格書都是地方政府的職員自行調查、自行思考後制定的。

即使不甚習慣，職員靠自己徹底思考，自行做出方案。正因為是在自己的努力下制定的方案，才會努力實踐。

我也一樣，在地方上和夥伴共同創建事業時，我從未在一開始就找顧問，請他們來制定計畫。即使不甚理解情況，也是根據當地的狀況自行思考，以能力範圍內的資金出資、成立事業，即使是小事也持續付出努力。

我認為無論是地方或民間，活化的事業不交給顧問，而是以自己的頭腦去思考、實踐，才是地方活化的基本。必要的專家可以在關鍵時刻請他們幫忙，但不是在一開始就將計畫或業務交給他人。

面對地方創生，我們應該試著捨棄凡事依賴顧問的習慣。只要各地方下定決心，「自己思考、自己實踐」，那麼在每個鄉鎮獨特的作法下，即使步伐雖小應該也藏著前進的可能。

03

形成共識

腐蝕地方的「集體決策」詛咒
比起不負責任的一百人，更重視一個行動者的覺悟吧！

地方活化，為何會出現錯誤的決策呢？

其中一個原因，就在於重視「形成共識」。公所等政府機關，認為大家共同討論、大家的認同很重要，但即使是大家討論過也認可的事業，也不保證一定會成功。

相反地，所謂的集體決策，有時會犯下重大錯誤。

不知為何，關於「集體決策的功過」其中過的部分，學校並不會教。班會上會說「大家一起來討論吧」，但對於「大家討論過卻還是失敗的原因」卻不會多做說明。

組織中大家互提想法，花費龐大的時間來形成共識，但為何最後會做出荒謬的決策呢？

在這一節，將解說像這樣的「集體決策的陷阱」。

「不遭到反對」對於事業的成功很重要嗎？

在地方活化領域，許多相關人士認為「必須在地方形成共識，卻難以達成」是一項課題。

事實上，也有許多人頻繁來找我商量：「無法獲得所有相關人員的共識」、「要怎麼做才能不遭到反對」。其實，真正需要的，應該是「地方該怎麼做才能活化」這種具體的作法。然而比起具體的活化手法，被共識羈絆的人實在是太多了。

說到頭來，我認為，在改變事物的結構時，要讓大家事先都對新的事業活動形成共識，這件事實際上是「天方夜譚」，但有些人卻抱著「一定要得到所有人的共識」的想法而無法前進。

在這其中，我們可以感受到「必須所有人達到共識」這種近似強迫觀念的想法，這些人認為凡事都要聽取、反映大家的意見，才是「好的作法」。

那麼，只要大家形成共識，企畫就能成功嗎？遺憾的是「沒有這回事」，相信讀者也已經察覺了。

從一開始，要讓衰退的地方產生「新的活力」，需要的就是「新陳代謝」。而在以新事物取代舊事物的過程中，對於新的作法，一部分的人經常會視為短期內的不利。

不屈服於「不可理喻的反對」

在地方活化的事業上，我經常受到不可理喻的反對。

讓我來談談開始熊本城東管理時的經驗吧。我們的第一波事業，是要削減十五棟當地大樓的共同維持費用。具體來說，是關於其中的垃圾處理費用。集結民間公司，將契約轉換成能適度削減經費非常合理，對於對方（垃圾處理公司）而言，比起和個別大樓分別簽署合約，簽署共同契約也更具合理性。

儘管如此，某經濟團體的董事對此表示反對。其理由是「讓當地企業去競爭太不像話了」。我十分驚訝，我們不是身處自由資本主義經濟的國家嗎？但是在地方創建新事業時，就會遭遇這樣的事。

另一方面，民間、政府相關的當地人士對我們表示了強力支持，因此事業開始至今持續了八年。創業時，不能因為最初的強力反對者而屈服，回應相信自己的人的期待，才是重要的。

像這樣，地方的「共識」難以成立，「反對」本身沒有道理也很常見。而且，即使面對無理反對，情況經常會演變成「應該聽取他們的意見，變更內容」，「應該確實形成共識後再前進」，原本推行新事業的人變成了「壞人」。變革無法前進，最後就是地方持續地衰退。

我在各地與夥伴創立公司開啟事業時，經常聽到有些當地人會說：「沒聽說這件事」，或是「我要讓你的企畫做不下去」等狠話，但是如果我們就此放棄的話，地方不會有任何改變。

集體決策的三個陷阱

原本，要人們排除主觀，承認偏好的同時又能公平議論事物，這是極為困難的。

舉例來說，在集團討論時，許多參與者都欠缺「表達意見的技巧」或「不帶偏見的聆聽技巧」，或是兩者都欠缺。要確切地說出自己想說的話，並且立刻正確地理解別人所說的話，其實很難。

通常，有些人會採取自我中心的行動，或將話題導偏，也有人會打斷別人的說話、妨礙他人，還有人想當領導者而採取錯誤領導行動。更有不少人會謾罵、感情用事。

更重要的是，許多人都想避免在自己有明確責任的形式下做出決策，因此就只能導出曖昧的結論。

一般而言，集體要作出決策，會遭遇以下三種陷阱，我們也必須認知到在地方的集體決策上，時時會遭遇到這樣的問題。

⊕ 陷阱一：「共享情報偏誤」的陷阱

「對於大家共享的情報花費大量時間討論，對於沒有共享的情報就不花時間討論」，這就是所謂的共享情報偏誤。

大家為了形成共識聚在一起討論，對於沒有共享的「第三情報」自然不會花費太多時間，結果變成：只能討論團體所擁有的情報。這樣的話，可能在「欠缺對於企畫而言具決定性、必要的觀點」的情況下形成共識，這樣的共識本身可能是毫無意義的。

⊕ 陷阱二：「確認偏誤」的陷阱

從個人的偏見或喜好出發，藉由只收集能確認這些偏好的情報，來補強自身的偏好，這就是確認偏誤。

地方活化也是一樣，參與者具有強烈的只收集符合自己意見的情報的傾向。

一旦大家形成了「我們的地方會衰退是因為〇〇問題」的共識，就會只收集補強這種問題結構的情報。比方說，「商店街會衰退是因為大型連鎖超市」，「最近的年輕人太天真了」這類意見。這些也許是部分原因，但不是全部的原因。然而，認定這些並形成共識的團體，就偏向只收集對應的情報。

⊕ 陷阱三：「集體淺思」的陷阱

即使是一個睿智的集體，在收集各種情報要做出決策時，也經常會犯下巨大的錯誤。歷史上的珍珠灣事件、越戰、豬玀灣事件[1]就是一例。同樣地，地方城市的再開發事業也是一樣，經過調查，大家形成了共識，民主決定的事業，卻在重複著重大失敗。原因就在於，只要人類聚在一起，就毫無例外地會出現以下三個問題。

問題1：對於集團力量與道德性的過度評價

這是指集團成員會共享「我們作出的決策是優秀的決策」這樣的幻想，傾向過度

[1] 一九六一年，美國支持的古巴人在古巴西南海岸豬玀灣的一次失敗入侵。

承擔風險，因為認同集體的結論符合道德性，而無批判地接受決策。

也因此，團員容易產生「我們的地方具有特別的歷史」、「我們是被國家或地方政府選出的優秀團隊，我們所做的事正是能讓地方再生的絕招」等的誤解。

問題2：封閉心理的傾向

這是指我們會排除對自己不利的情報並加以解釋，好讓一開始的決策「合理化」。尤其是鄙視「敵人」，有過度輕視敵人能力的傾向。將敵方的首領貼上惡人標籤，斷定他無能，或是套用刻板印象，都是常見的傾向。在衰退地方，大家熱衷於一味尋找「其他都市」或「競爭商品、服務」等敵人的缺點，大肆撻伐，而不是正視關於自己的負面情報，就屬於這種心態。

問題3：「一致性」的壓力

即便我們認為有問題，卻在說出口前退縮的情況就是來自此壓力。在「全場一致的原則」下，沒有誰認真提出反對意見，造成所有人都認為其他人都是支持這項方案。此外，比起提出反對意見被全場攻擊，一般人更容易以不破壞現場氣氛為優先。最後甚至會出現自認是「守護者」的人，排除所有不利情報，對提出反對意見的人施壓。

像這樣，我們在進行事業或企畫時，必須充分地認知到：集體的決策，也就是大家聚集起來討論，未必就一定能引導出好的結論。

放棄不work的workshop，以少數團隊進行挑戰

幾天前，某地方政府的負責人帶來了一本厲害的手冊，據說那是他花費了整整一年，聚集該地方三十幾人，舉辦數次工作坊（workshop）後製作而成。手冊設計相當精美，封面上還有參加者的肖像畫，據說這本花了一千五百萬日圓的稅金。

我認為，即使大家提出了意見，但若是沒有創造出超過稅金花費的具體收入，就是白費。事實上，很遺憾地，該地方政府也沒有因此發生任何變化。他們所做出的結論當中，包含了許多問題。但不是大家討論、形成共識了，就能拯救地方。

這真是毫無意義的一件事。

地方活化，比起收集一百個不負責任的人的意見，我們更應該尊重會行動的那一個人的覺悟。

當小團體要開始企畫，不必一一在意共識形成，重要的是將地方帶入「為了解決引發衰退的問題，不斷地改正錯誤」的情境中。

小企畫的失敗，對地方的影響不足為道，在不斷的嘗試後，剩下來的就是正確答案。所謂的答案，不做是不會知道的。

即使一開始不徵求大家的同意，只要做出了成果，贊同者就會越來越多。共識形成不是一開始就去爭取，而是憑借結果，水到渠成而來。

集體決策，如前所述常會出現陷阱。

我們要捨棄只注重形成共識，以為取得共識地方活化就會成功的認知。不要光是討論、調整，或打擊進行挑戰的人，而是尊敬挑戰的人。我認為以此為出發點，地方創生會以飛躍的程度變得更加有趣。

04

個人好惡

顛覆合理性的「懷恨心結」

重視量化討論與柔軟性吧！

就算在合理觀點下議論，都會陷入「集體決策的陷阱」，不僅如此，會做出錯誤的決策，經常是在原本就失去合理觀點的情況下。

如果你要用「是人沒有不犯錯的」一句話來帶過也可以，但是，錯誤的組織決策不光會影響做決定的人，有時甚至會對沒有參與決策的地方居民帶來負面影響。

實際情況是，我們至今在地方依然經常看到包括車站前商業設施等大型開發、一面說財政困難卻一面重蓋的豪華政府大樓、用交付金發放優惠商品券最後錢卻流進大城市資本的連鎖店等計畫。

這些事物的背景，就包含了連合理的議論也沒有，光憑「喜好」就做出決策這種根源上的問題。

錯誤的決策中，一定包含著「個人好惡」

當然，從新國立競技場[2]的例子就可以知道，像這樣三番兩次地做出荒謬決策的事情在國家或大企業中也經常發生。為什麼會頻繁出現呢？

因為，比起邏輯化的決策，在我們的文化風土中，感性的決策至今仍備受重視。這樣的事情比起都市更容易發生在地方。因為到了地方，地緣及血緣都顯得更加濃厚。

當我開始參與商店街的活化，最驚訝的事情之一就是「那傢伙的爺爺妨礙了我們家的店」這種「跨世代的懷恨心結」竟然得到繼承。如果是個人的心結也就罷了，但看到應該站在公正角度上調整利害關係的商店會長，也因為個人好惡而改變決策，我感到相當地訝異。

像這樣，在地方活化的事業上，經常會有不是根據事物做決定，而是依發言者的好惡來判斷「善惡」的情況。

舉例來說，即使方案絕對無法回收成本，就因為「既然那個人開口了，就讓他做吧」這樣的想法而認同了方案；相反地，即便提出了有益的提案，卻變成「那個人上

2　新國立競技場為二〇二〇年東京奧運的主會場預定地。原本的設計由建築師札哈．哈蒂（Zaha hadid）競圖後拿下，隨後因費用與外型設計等問題被取消，並重新招募設計。

次反對了我的案子，所以我絕對要反對」。喜歡的就是「好的」，不喜歡的就是「不好的」，無論是走向哪一方都會很辛苦。

除此之外，對於這種「感性的決策」所造成的失敗，有相當多的人會覺得「因為有人參與其中這也是沒辦法的事情」，對此相當寬容。因為不反省錯誤決策，自然會再重蹈覆轍。

當氣氛是連「邏輯性的反證」都不被允許，就已形同出局

更傷腦筋的是，除了憑好惡決定意見的人，還會出現「高協調性的團體」，就連從不同觀點提出邏輯性反證都不被允許，所有事情以情緒性解讀，即便是以數字為根據的議論都只會被認為是「為了反對而反對」。

地方活化的計畫，究竟是可靠計畫還是天方夜譚，只要根據數字來討論馬上可見分曉，但他們會說出「地方再生不是錢的問題！」這種莫名奇妙的精神論，來打擊邏輯性的反證。

說到頭來，那些荒謬的計畫幾乎只要在事前稍為檢驗數字，就會發現是不可能實現的。

比方說，若我們仔細查看大樓再開發的計畫，很容易會發現除了每個月花費在大樓營運的固定費用過高，有時從店家收取的租金設定也偏離了當地行情。如此一來，可能在計畫時期就能知道會募集不到店家，收支是赤字的可能性極高，但是再開發依然被執行。

此外，最近在各地方政府流行的圖書館，也有可能成為天方夜譚的計畫。建立高級圖書館，卻沒有考慮到財政能力可能無法籌措出圖書購買費用。所有的一切只要用數字來看，就能夠知道是否可能持續。

然而，提案一旦以數字為根據，就會得到「這個人總是在妨礙地方活化」的評價，甚至最後還會被諄諄教誨「不要光說否定意見，提一些怎麼做的方案吧」，不再諮詢。

結果，思維越是有邏輯的人越是無法參與地方上的決策，有時還會演變成這些人會遠離地方。最後，組織的協調性越來越高，而毫無異論出現、徒有氣勢的計畫就會開始暴走。

不要雇用徒有感性的「拍馬屁顧問」

近來，在推行地方活化上，有外部專家的協助變得理所當然了。但是，我們也不能對此掉以輕心。從地方外選擇參與活化的人才時，有不少人是根據感性來選擇。會以「他常來拜訪我們地方，當地參與者對他的評價很高，他很善解人意」等標準決定人選。

「拍馬屁顧問」便會利用地方的感性，參與地方事務。

舉例來說，他們會編出「這個地方有全國最美的○○」、「這裡有全世界屈指可數的○○」這種「美麗童話」，來提升改革參與者的動機。他們清楚地知道，像這種「沒有根據，但也無法說是謊話」的感性內容，能夠獲得當地決策者的偏好。

顧問會利用當地的感性意識，不斷察言觀色，顧慮所有人的感受。將事業交給這些人當然是不會有成果的。因為比起做出事業成果，在過程中得到大家的喜愛對他們的生意而言是更合理的。

從一開始，衰退地方的課題就是與其他地方的競爭。在地方內受到感性支持毫無用處。然而，提出嚴苛的話題就會被汰換，因此大家都盡量展現感性的內容，阿諛諂媚才是上策。

最後，地方將珍貴預算交給做不出成果的「圖方便的人」，該地方也就越來越衰退。

就像這樣，一旦感性的決策變成基本，所有的企畫就會以「擬定荒唐的計畫↓缺乏邏輯性的反證（檢驗）→從外部聚集來的人也根據感性→計畫不斷進行，個人已無法阻止」這樣的程序進行。

阻止憑「好惡」在暴走的地方

那麼，該如何阻止像這樣的暴走呢？為此，重要的是地方活化的計畫在「初期階段」就要確認定量的討論機會與確保柔軟性。

參與活動的是人，要完全排除感性很困難，但至少若能定期進行理論性、量化的討論，就有相當大的機會能阻止暴走。

地方活化相關人士所提出的意見，不能只是單純的感想，必須以數字為根據。同時，對於提出的意見，以數字加以檢驗，就能清楚知道是否可行。

比方說當大家討論「圖書館構想」。要做這些需要多少預算？維持費用要花多少？借出一本書的成本是多少？每戶人家的負擔又是多少？設施維修費要多少？購買圖書的費用是多少？以數字來判斷，議論的成熟度也會提高。這時，如果擅自以感性優先，用樂觀性的觀測做出假數字，就毫無意義了。刻意地，以批判的觀點來進行議論相當重要。

除此之外，我們應該在一開始就確認：所有事比起一貫性，必須以「柔軟性」為優先。相較於初期階段，進行檢討後能收集到更多情報，分析的成熟度也更高，事物有所變更，是理所當然。

然而，如果不在一開始就宣告「要定期加入根本性的變更」，就可能會因為個人面子或人際關係等原因，拖拖拉拉地繼續在檢討「初期的不完整計畫」。接著，到了「無法後退的時機」，變成「既然都到這裡了就做吧」，荒謬的計畫就此化為現實。

無論如何規定這種「定量的議論」與「確保柔軟性」的規則，還是有不少人會對這樣的作法敬而遠之。對於計畫統籌者而言，要時時確認這些規則，推進計畫，常常是十分孤獨的。反過來說，領導地方的人才就是必須面對這份孤獨。

凡是交給感性，靠自己人炒熱氣氛，企畫失敗了也只是互舔傷口，這樣的「好朋友集團」並無法真正改變地方。

就算個人有所損失，但不行的就此打住，該修正的就修正。這才是真正地愛故鄉不是嗎？

05

傳話遊戲

以分權改變情報和實行的方向吧！

太落伍了，國家與地方的階層制度

組織的問題，有時候不單發生在組織內部，也在於「組織與組織之間的結構」。組織間存在相對的順序，亦即階層。形成問題的是，儘管社會整體進步了，但以往的階層仍然殘留，大家被迫加入意義不明的傳話遊戲，結果組織決策就變得無效率又不明確。

在既沒有網路也沒有高速公路或新幹線的時代，政府以都道府縣、市鎮村這種樹狀結構為基本來收集情報，以這樣的情報為基礎來訂定政策，再經由都道府縣、市鎮村讓民間實踐。這樣的過程，放在今日的時代是極度沒有效率的。然而，就因為「以前就是這樣」這種系統仍持續至今。

在傳統型的組織結構下，在問題一個接一個不斷地加速、細分、深化的今日，要企圖解決課題是不可能的。

以都道府縣為單位的社會結構早已分崩離析

在各都道府縣單位設置行政據點，管理社會，這個機制事實上正在崩解。

以往在都道府縣的縣政府所在地，不只是政府機關，民間企業的分公司或營業所也以都道府縣為單位設置中樞機構，進行業務活動。換言之，曾經有過行政與產業都集中一處，縣政府所在地，名副其實地就是都道府縣中心的時代。

然而，一九七〇年以來，以往位於中心地區的縣政府或市公所也移到郊外，再加上新幹線與高速公路的開通，經由「民間企業分公司在複數都道府縣統一成一個」的形式被統整或廢除。縣政府所在地事實上已經既不是能掌控地方的場所，也不是地方中心。舉例而言，山形市隨著高速公路的發展完備已經被完全編入仙台市的經濟區域內。

像這樣，日本的民間企業在四十七個都道府縣所有行政據點的附近都設置分店或營業所的時代已經結束。這種現象首先從日本的東北全區開始，然後擴展到了全國。

實際上，如九州集中於福岡市、中部集中於名古屋市，企業的業務機能與商圈都不斷被整合。就連國家機關的地方機構都僅在北海道、東北、關東甲信越、中部等地各設置一所，實際上要在都道府縣全都設置的情況會越來越少。

此外，隨著網路的出現，加速了這種都道府縣實質上的經濟圈整合與廢除，因此一直延續以往的結構來施行政策將有其極限。

情報收集上也是「多災多難」，無法制定正確的政策

所謂的極限，包含了「收集情報」與「實行事業」兩方面。

就先從「收集情報」說起吧。幾乎所有作出成果的活化事業，都來自民間。

於是，國家會詢問都道府縣或隸屬國家的地方機構「地方上有沒有好的案例？」。都道府縣去問市鎮村、市鎮村再轉問平時發放補助金的當地民間團體。國家的地方機構也是，先去詢問過去有發放過補助金的民間團體，再將收集而來的情報，傳回上面（都道府縣或國家）。

在此會面臨三個問題。

⊕ 問題一：傳話遊戲的弊害

首先，這樣的傳話遊戲，會讓原本能傳達的情報無法傳達。過程中，因為非實踐

者的官員戴上了有色眼鏡，讓案例的概要或分析越來越偏頗，這種過程重複兩到三次，再傳到上面……光是想像，就知道事情不會太順利了。

實際上，你會以為「咦，這是弄錯了吧？」的案例隨處可見。不過，既然是當事人沒見過沒聽過的事，只是將從其他地方聽到的情報整理成的資料，會出現這種案例也不意外。

⊕ 問題二：不熟悉民間團體的行動方式

第二個問題是，都道府縣與國家的地方機構「不了解沒有領取補助金的民間團體如何行動」這個事實。

實際上，當國家企畫並製作「商店街成功案例〇〇選集」時，都道府縣、市鎮村、國家的地方機構全部都出動調查，但令人驚訝的是，裡面全是領取了補助金的活動。行政與領補助金的民間有交集，但和沒領取補助金而作出成果的人卻沒有交集。

⊕ 問題三：失敗的情報無法傳達

接下來，最重大的問題就是「失敗的情報」無法得到傳達。當然，傳遞的那一方不會將對自己不利的情報傳給上頭，無論民間、市鎮村、都道府縣，或是國家的地方機構都一樣。結果，就只能彙整用了補助金，看似獲得成果的「方便」案例。

事實上，二〇一五年九月九日，當政府的「地方、人、工作的創生本部」根據安倍總理要求，向各部會詢問失敗案例時，據說坦承了過去政策曾失敗的部會為「零」。換言之，各個部會的回答都是「沒有失敗過」。當時的地方創生專任大臣石破茂也坦承「要承認失敗很難」。像這樣，不利的情報無法收集，收集到的淨是些有利的情報。

在這樣的情況下，二〇一五年地方創生聯盟將過去中心街道活化的失敗案例彙整成「這城、那鄉的失敗例墓碑集」，得到熱烈反響。

其中令人驚訝的是，財務省主計局的主計官看了我們的報告，告訴我：「不知道自己編列的預算會變成這樣一回事。」這讓我痛切地感受到，靠明治維新以來維持的階層結構，並無法將地方的實際情況傳達至政府中央，要制定正確的政策是不可能的。

不要用傳統結構來思考，用實際的狀態來思考

在這種狀況中所訂定的政策會變得如何，答案可想而知。

地方再生的政策會接連失敗，其背景如先前描述，比起個別事業內容的問題，這

樣在國家傳話遊戲的結構下制定政策，從上往下投入預算且沒有留下成績，這樣的做法，任誰都會說：「不可能成功吧！」

實際上，在地方，民間在包含農、林、漁、地方中心區再生等各領域中展開了新活動，逐漸做出成果。為了讓這些成果能活用於政策，我認為，若不是由國家直接投入地方事業，就是要給予地方自由參與事業的權限。

像「地方、人、工作的創生法」中所寫的國家的基本戰略、都道府縣的基本戰略、市鎮村的基本戰略，這樣的流水線作業，已經無法改善情況了。

接下來的地方創生，讓我們以民間先進的活動為基礎來思考戰略、實行事業，轉換為輕便的組織模式吧！輕便組織的迅速行動，是解決地方課題的捷徑。

06

行政計畫

為什麼每個人都很努力，卻無法阻止衰退？
捨棄錯誤的目標吧！

組織會做出令人跌破眼鏡的結論，其中一個原因就是認定「只要有縝密檢討過的計畫就會成功」。因此，組織會在事前進行縝密調查，傾全力制定周延的計畫，但到了實行階段，就認為接下來只要按照計畫就好，因此鬆懈，甚至在此解散制定計畫的團隊，將實行交給其他團隊。

制定計畫加以實行。這貌似理所當然，但追根究柢，為何制定了計畫並實行就會成功呢？在制定計畫的階段能議論的內容究竟有幾成？實行後才能發現的事情又有多少？有多少人具備這種「不把理所當然視為理所當然」的想法呢？

有計畫有管理，現實卻拿不出成果

至今為止，日本的地方活化事業全都是以行政規畫的手法在推動。

近兩年來，全國各地所制定的地方創生綜合戰略也是，「地方個別制定的綜合戰略」，依循著「訂定基本計畫，決定KPI，以PDCA循環」來推動。這是相當認真的方式，然而實際上，這套作法一直以來常見於各地方政策，卻幾乎都以失敗告終。

看看全國各地的都市中心區再生案例，首先會有包含目標設定的基本計畫，再由國家認定計畫、提撥事業預算，接著是「檢視是否達成了目標，也公開」，這樣的過程乍看十分完美。然而遺憾的是，地方都市中心區以這套基本計畫確實取得成果的案例幾近為零。

若是因為「沒有管理、無視於成果、散漫地進行活動，所以才衰退」，那問題還不算嚴重。

因為只要能確實執行，就能獲得成果。然而，儘管大家制定了計畫，也管理目標，進行改善，地方卻在不斷衰退。地方領域問題的嚴重性就在此。

阻礙成果的「三種錯誤」

為什麼做得很認真，卻收不到成果呢？

面對這種情況，可以說相關人員都犯了以下「三種錯誤」。

⊕ 錯誤一：戰略或計畫只「對症下藥」

制定戰略計畫時的「關鍵」是「目標設定」與「現狀認知」。要磨合未來的目標與現狀，並思考戰略。然而，許多失敗的事業，目標設定曖昧，將「正在發生的表面性現象」設定為「問題」。也就是說，誤認了「如何解決眼前的問題」就是戰略，就是計畫。

舉例來說，在地方創生中，人口的增減本身並非問題，因此「增加人口的戰略」本身就是無稽之談。

在第3章說明過，在過去，人口增加是社會問題，日本還提出過抑制人口增長的政策，但如今卻變成人口減少是社會問題。說到底，人口的增減經常發生，因此重要的是「經營地方」時，如何去對應這樣的增或減。當然，二十年後的成年人口會隨著今年出生的孩童數決定。無論地方之間如何競爭，即使從鄰近的地方奪來人口，就國家單位而言人口規模仍是縮小的。計畫的根本在於，在人口減少的二十年中，「如何創造不會破產的持續型社會」。

然而，實際情況卻變成地方爭相討論的是：「問題在於人口減少，該怎麼增加？」將「用預算吸引人的預算奪取競爭」稱為戰略或計畫。

即便制定出對症下藥的計畫或戰略，問題也會層出不窮。接著，多數的情況是，再針對個別問題採取對症下藥的對應，問題無法獲得解決。我們須切記，至今為止的地方政策，分別針對產業用地再生、中心街道再生、地方再生、都市再生、農村再生等個別部分，僅從如何挽回失敗的觀點來訂定計畫，而成果也未出現。簡單來說，把不能稱之為戰略的東西稱為戰略，地方創生在這個最初階段就已經失敗了。

⊕ 錯誤二：即使達成也沒有意義的「目標設定」扭曲

在錯誤一裡，在「錯誤的戰略或計畫」下進行目標設定，這是齣悲劇。若再提出數字目標，看起來還頗像一回事，這實在令人困擾。

比方說，面對地方都市的中心街道衰退，大家經常認為「問題在於居住者的減少」。原本，因為各式各樣的人的選擇，場所分出優劣是很正常的現象，不知為何討論卻變成了「必須讓中心區域也增加居住者」。

結果，某市的整體人口多達四十～五十萬，卻為了讓約八百人的居民集中到中心部，投下近一百億日圓規模的預算，進行了道路、廣場、車站等整修，公寓再開發，公共設施整治等。而且，最後連這個目標都沒有達成，實在令人哀傷。像這樣的案例並非只發生在特定的某個市而已，儘管規模大小有所不同，但日本每個地方都在發生。

「要用多少金錢，來達成什麼目標」這種性價比的概念，在地方領域中幾乎不存在。更可怕的是，為了達成錯誤的數字目標，主導者甚至會無視於決定好的預算，變成只求達成數字目標。

達成了目標，但原本的目標設定是錯誤的，很遺憾地，這樣並不會出現顯著的成果。

⊕ 錯誤三：不懷疑「根本」，光改善

在錯誤二當中也提到，制定計畫後「錯誤的目標也可能無法達成」。這樣一來，事情會變得如何呢？在多數情況下，為了達成錯誤的目標，就會出現「必須改變作法」、「預算不夠」等話題。

他們不會想到「原本的戰略計畫，或是目標設定是不是錯誤的？」為了達成目標，便開始制定更大膽的事業，投入龐大預算。

話說回來，要從擴大型社會轉換到縮小型社會時，如果不從以往的戰略計畫的根本懷疑，從結構開始改變，是不可能做到轉換的。

在縮小型社會，我們必須懷疑擴大型社會時代的前提，也就是「只有增加能解決問題」的這種想法，拋棄「只要投入龐大的事前投資就能逆轉勝負」的幻想。

追隨新的時代，首先先確定「現狀中可能確保的需求」，再決定對應的設施或服務的規模。初期投資不是「領完補助金就結束」，必須制定出不會形成虧損、切地意識到投資回收的戰略與計畫。

目標設定的作法，也不能用以往的「量」的標準，必須是從「每人平均」的單位或效率的觀點來計算。然而，地方單位幾乎不具備像這樣從根本開始改善的概念，為了達成空虛的目標，以政策改善這樣的狹隘觀點，不斷地輪迴「PDCA（Plan-Do-Check-Act）循環」。

第一線人員被迫「達成錯誤目標」而筋疲力盡

戰略選擇、目標設定、目標的改善，可以說大多是決策者所犯的錯誤。地方政府和企業都一樣，一旦上面的人做出了錯誤的決策，那麼負擔最重的就是現場。

在許多地方政策，負責前線的地方政府職員，都是在相當清楚「做這些不會讓地方變得更好」的情況下，執行政治家、行政首長、上層成員，有時是地方政府前職員所參與的「對症下藥的預算事業」。

從一開始就被迫應付這種「超級難關」，第一線在面對許多事情上只能自我麻痺才撐得下去。而「被迫麻痺的結果」，就是無力感與「做什麼都好難」的「否定心態」。在這樣的情況下，地方活化事業本身沒有任何趣味，形成「消化賽」局面，此外情況還可能變成「目標無法達成，只有投入的預算逐漸擴大」。

把「問題」視為「機會」開始發展的事業

遺憾地，大部分的地方都陷入這種「負面循環」，但一旦陷進去，有方法能脫身嗎？重要的是，不被失敗擺布，不出局，不放棄。

在與地方人士合作再生事業時，我們認識了地方上許多無論身處多麼嚴苛的狀況，都像不死鳥般挺身而出，認真面對事業的「熱血人士」。

事實上，也有許多的案例是，比起傾注力氣在一次改變行政機關的結構，無關於行政計畫的民間活躍於地方再生，而後，行政機關的人員再以一市民的身分加以支持，收穫了成果，也驅動了地方政府，最後昇華為行政戰略。

舉例而言，札幌的大通地區，不將通行量的減少視為問題，反而把空出來的道路空間善加利用，經營了「大通來露台坐吧」。或是高知縣的四萬十町，由民間發起活動，市民不感嘆山區荒蕪，不受挫於潛水橋改建後的近代化計畫，反倒開拓栗子產品的市場，栗子林的植樹連結了過去與未來，而潛水橋本身也成為觀光資源。

在這些活動中，自立的民間認真面對「利潤」，而想要開啟新的地方變化的行政機關，則行使了鬆綁法規等權限，有時公務員還以義工形式協助活動，創造出「符合身材大小」的地方事業。

有句話說：「戰略的問題，無法用戰術來克服。」雖然如此，抱有問題的地方不一定要做符合地方政府揭示的戰略，因為其中有大半都是錯誤的。

如果選擇的戰略明顯錯誤，別忘了還有做與地方政府方針不同的事業，在地方創造新活力的選項。無論如何怨嘆「自己的地方政府沒用」，事情也不會有所改變。

也許起初會很困難，但反而是能做到「完全無視」地方政府的戰略，以小規模開始自己認為地方必要的事業，逐步做出成績，才會誕生變化。

07

創意大戰

耗損前線的「光出主意的人」

從實踐與失敗生出「真正的智慧」吧！

「有沒有好的地方活化創意？」這是個老問題。地方創生需要的不是靈光一現的「創意」，而是樸實而微小的實踐累積，與從中誕生的智慧。真正改變地方的，不是提一些異想天開的提案或光出點子的人，而是不逃避必要之事，在解決課題中逐漸獲取成果的人。

然而，參與地方活化的組織似乎都認定「沒有創意才會失敗」，在當地一味尋求「嶄新的」創意。他們變得仰賴奇異的創意，對實踐過程反而不多加思考，就結果而言，讓「組織」筋疲力盡、夭折的企畫不計其數。

真正要在地方做出成果，比起創意的嶄新性，過程的現實味更加重要。

不斷提一些詭異創意的「光出主意的人」究竟會如何消耗前線呢？讓我們來作個整理。

沒有否定或限制的腦力激盪會耗損人才

有些人會說：「不要批評，提出創意吧！」、「現在在腦力激盪不要擔心，請說建議」，在創意會議上耗費龐大的時間。的確，如果沒有否定，發言者的心情較輕鬆，營運方也會很輕鬆。

然而，地方上的實際活動必須面對「來自各式各樣的人的問題」，以及「自己從未思考過的多重角度上所提出的疑問」，要解開千絲萬縷纏繞般的線才能推動企畫。況且，沒有不具備「限制條件」的實際社會，相反地，實際上突破資金、人際關係等複雜的限制條件的工夫才是最重要的。缺乏這些，沒有事物能夠成型。

令人傷腦筋的是，這種光是出主意的會議，經常會邀請在當地為事業奮鬥的實踐者。對於實際上進行事業的人而言，出席從未自己創立事業的人所舉辦的會議，僅以提出意見的身分參加幾乎沒有任何意義，這只是白白損耗投入自己事業上的時間而已。

在第1章曾說明，近來也有這種提出創意的活動本身，被作為預算活動舉辦。地方人士的資源，被這種不談實踐的創意大戰耗損了。最重要的是，那些說著「讓我們提出創意」光出主意的人，實際上並沒有多大的創意，真是令人憂心。

當然，沒有創意的人所召集的人多數也沒什麼創意，同時，會參與這種會議的人大多從未自己實踐過，所提出的主意都是在哪聽來的案例模仿。即便如此，靠著自己人還是能炒熱氣氛。

更令人困擾的是，他們不是自己去做「靈機一動的冒牌主意」，而是將它變成從政府得到預算的藉口。本書多次指出，依賴預算的行動無法產生成果，最後也無法持續。此外，由於是用別人的錢做的事業，即使失敗了也不會確實反省，

只會反覆說著例如「對這個地方來說還太早了」、「時機不好」、「被他人阻礙了」等藉口。實際上，不是什麼偉大的創意又不嚴格檢視，再加上依賴預算這種「實踐力」的不足正是失敗的本質。我們不用為此花費太多心思。

光出主意的人的特徵

光出主意的人，從評價創意的階段開始，就抱持完全解釋不通的觀點。

⊕ 特徵一：只追求「嶄新性」帶來的新奇感

光出主意的人，會偏重「新」。

然而，重要的並非新或舊。內容是否能夠解決地方上的課題，或是對於地方將來的成長有所幫助更加重要。

即使沒有新，正視必須去做的樸實事業很重要的。不去確實實踐理所當然的事，光是追求新奇事物，這毫無意義。

⊕ 特徵二：強求「像○○的創意」的任性想像

對學生要求「青春感的創意」，對女性要求「有女人味的創意」。

然而，對於地方真正需要的提案，來自提案者屬性的「像○○」並沒有意義。評價的姿態應該只問對地方而言是否需要，不問提案者的年齡、性別屬性。「像○○」這種以發想者屬性為限，只對奇特創意做出評價的作法，在某種意義上也是讓收集創意者便宜行事的腳本。

⊕ 特徵三：看「提案技術」給予感性評價

有些時候評價經常不是看創意內容，而是訴諸於情感上容易產生共鳴的發表，並給予高度評價。無論提案技術如何高超，得到多少共鳴，如果沒有親自實踐的覺悟，一切就只不過是吹牛罷了。

從提案能力的角度對創意做出評價，不會出現地方所需的課題解決，或是嚴格要求實踐力，只會出現一些不切實際的想法。

實踐與失敗，會誕生「真正的智慧」

實踐中會伴隨失敗，透過失敗學習並再次挑戰，才能誕生出解決地方課題、具現實味的真正的智慧。

如果光是聚在室內自吹自捧，開一些無意義的會議地方就能再生的話，那麼許多城鎮幾十年前早就生機勃勃了。中途失敗時，可能會遇到落井下石：「早就說過了吧！」但隨著成果出現，就能得到世人的評價。另一方面，就算雷霆萬鈞地展開嶄新企畫，隨著時間演變或被發現對於地方沒有幫助，評價一樣會一落千丈。

精實、確實地累積成果，從錯誤中創造出當地獨特的「真智慧」，正是現在地方所需要的。

活用個人智慧，創造輕盈快速的組織經營

組織在地方活化上會製造各式各樣的「障礙」。支撐這些障礙的許多人被「常識」束縛，無法從根本徹底思考，他們認為「本來就是這樣」而停止思考。

結果，大家計畫出自己也不懂的計畫，形成共識卻陷入集體淺碟思考，若再加上計畫與實踐的團隊不同，最後想從「嶄新創意」中找出路，結果是前線疲憊，組織崩壞。

錯誤不斷出現，卻因為沒有反省的機會，一再重複著同樣的錯誤。失敗不應該變成責任問題，應該科學化地檢驗其過程，活用結果於「不再重蹈覆轍」上。

然而，一直以來接受「不用想要去解決組織問題這種偉大的事情」教育的我們，跟隨著制度，也重複著錯誤。

本章揭示了組織的結構問題，解說了各問題的對策。讀者若能認清問題，並適當施展於地方創生的計畫與實行，那麼成功概率應該多少會有所提升吧。至少，能防範大失敗於未然。

超越組織的問題，對地方活化也是不可或缺的。聰明的個人聚集一處，卻投入錯誤的組織營運，地方永遠也無法活化。我們必須確實活用個人智慧，意識到組織問題，並採取行動。

第 5 章

組織的活用 危險度 檢測表

01

- □ 不在計畫階段就考慮「撤退戰略」。
- □ 氣氛無法討論「失敗時」的話題。
- □ 比起撤退先考慮拖延。

▶ 以明確的數字與期間將「撤退戰略」規則化吧。

02

- □ 制定計畫等都交給顧問。
- □ 用補助金做和成功案例相同的事。

▶ 貫徹自行思考、自己行動的「自給自足主義」。

03

- □ 地方上的事物還是以「共識形成」為最優先。
- □ 認為來自地方的反對、當地人的敏感神經是正常的。

▶ 切記共識形成不是在一開始爭取，而是靠結果水到渠成。

04

- □ 比起邏輯，用「喜好」做出決策。
- □ 認為邏輯性的反證在現實中沒有意義。
- □ 雇用讚美當地的顧問。

▶ 將「定量討論」與「確保柔軟性」規則化吧。

05

- □ 比遵循組織的階層，忠實操演「傳話遊戲」。

▶ 透過分權，建立「能從實際狀況思考」的組織吧。

06

- □ 戰略或計畫，專注於眼前的課題解決。
- □ 專注於「目標」的達成。
- □ 認為談論根本論沒有用，不思考。

▶ 即使要做到完全無視地方政府，也要從小規模展開必要行動、追求成長。

07

- □ 創意的嶄新性很重要。
- □ 為了收集「像〇〇」的創意，進行團隊討論。
- □ 地方需要有優秀提案能力的人。

▶ 從實踐與失敗中孕育「真正的智慧」。

結語

日前，我去了趟西班牙巴斯克自治州的聖賽巴斯提安（San Sebastián）。今日的聖賽巴斯提安作為美食城鎮，不僅是歐洲，還聚集了全世界的人潮，是正在湧入觀光財的城市。踏進這座都市，你自然會明白一件事：所謂的觀光，賺錢是重點，不是光是聚集人潮就好。

要爭取觀光收入，產業結構必須要能讓遊客在當地花錢、讓資金在地方內流轉。以聖賽巴斯提安的情況來說，該地高度發展了境內的餐飲業，把美食家設定為顧客。平均人口的星級餐廳數量是全世界最多的，舊城區內還有許多西班牙小酒館彼此競爭，提供美味的西班牙小點。酒館的數量多到如果遊客不連住上幾晚，無法盡情享受。我也一連住了三晚，但即使一天繞了十間店以上還是覺得不夠。這些餐廳，用的是在比斯開灣裡捕到的魚，海洋延伸至山脊的農地上栽種的蔬菜，還有在當地被珍貴養大的牛、豬、雞等肉品。餐飲業的收入確實與當地的一級產業產生循環，形成了支撐地方整體的結構，因此帶來了地方整體的繁榮。

與日本相比，西班牙的失業率仍相當高，基礎設備也十分薄弱。聖賽巴斯提安的機場更是只能停螺旋槳飛機的小機場，即使從歐洲各國前往也十分不便。地方上的道路有許多坑洞，髒亂隨處可見。除此之外，舊城區的建築物維持著以往的模樣，只在內部稍做整修後經營起小酒館。

即便如此，因為擁有美食這項利器，觀光客仍絡繹不絕。甚至，為了到當地度假，想買進不動產的人也增加了，這些讓地方獲得了微幅的成長。擁有十八萬人口的地方都市，能自立到這種地步，且鄰近的國境城鎮翁達里維亞（Hondarribia）儘管只是人口不到一點六萬人的小都市，也擁有豐富飲食文化並聚集了美輪美奐的住宅。

我們可以知道，以人口規模或交通不便為藉口，放棄地方的自立、成熟與成長，是十分愚蠢的。

日本的地方充滿可能性

不僅是海外，日本的地方也充滿極大的可能性。

特別是要建成工業中心卻沒有變身的都市，相信今後也會有更大的發展吧。在這層意義上，日本沿海地方是很有機會的。我認為，過去在幕府末期靠商船經濟攢下鉅額財富，擁有都市文化底蘊的都市，今後會相當具有競爭力。前幾天我造訪了金澤市，該市受到高度評價的原因，不是因為高度的都市開發，相反的，是因為明治維新後未重畫土地，也刻意不進行道路整修或利用土地。就結果而言，留下了今日具有高度稀少性的城鎮風貌。同時也因為區塊小，至今仍聚集許多當地資本的中小企業，除了白天的樣貌，同時也確保了具有高度文化性的夜間經濟的多樣性，充滿自己的特色。

事實上用這樣的眼光來看的話，日本的地方都市有山有海，有包含飲食文化在內的都市底蘊，再加上機場、新幹線、道路等基礎設備也一應俱全。提到機場等基礎設備，日本比起聖賽巴斯提安強了不知數倍，能停噴射機的地方機場多到數不完。唯一的問題是，現在的人沒有想要活用這些資源來賺錢的意願。不去賺錢，只想靠分配的資金隨便做一些輕鬆的事業，這樣的想法正是地方衰退的原因。我認為地方唯一最大的課題，就是是否能充滿幹勁地「積極面對賺錢這件事」。

「實踐與傳遞訊息」缺一不可

我在全國各地建立「賺錢事業」的時間長達十八年，自己對當地企業出資、共同經營，在地方上創造財源，再從當中的利潤抽成。不是只是寫寫計畫、提案的顧問，而是靠自己不斷投資、參與經營，這才是基本。此外，我也將這些知識技術歸檔、傳承，開始在學校等的事業。這些並非全是接受了國家或地方政府的委託，而是將自行投資開發、提供的「民間服務」堅持至今。

地方創生，前線的人只要做前線的事，這種專門主義的想法至今仍廣受支持。然而，有許多情報正因為站在第一線才能獲得。我認為傳遞這些情報，也是第一線的責任。也因為如此，今後包括書籍出版，我也將繼續堅持「實踐與傳遞訊息」兩端的工作。

最後，在此衷心感謝提供了東洋經濟網路專欄連載機會的福井純先生、本書的編輯桑原哲也先生、平日與我共同推動事業的全國各地的夥伴，以及深深理解我的工作的家人，沒有這些人的協助，這本書不可能問世。

日本的地方情況嚴峻卻也十分有趣，充滿了可能性。以往被當成包袱、接受了這樣的身分也依賴再分配的日本地方，只要能朝著自立的方向覺醒，變身為「賺錢的地方」，那麼即便進入人口縮小時代，也能反向操作達到成熟化，轉換成為成功提高生產性、提升文化性的「日本」。

我也會為了支持這樣的轉換，不斷去挑戰。

國家圖書館出版品預行編目資料

地方創生：觀光、特產、地方品牌的28則生存智慧／木下齊作；張佩瑩譯．-- 初版．--
新北市：不二家出版：遠足文化發行，2018.04
面；　公分
譯自：地方創生大全
ISBN 978-986-95775-5-7(平裝)
1. 經濟發展 2. 日本
552.31　　107003409

地方創生：
觀光、特產、地方品牌的28則生存智慧

作者 木下齊｜**譯者** 張佩瑩｜**責任編輯** 周天韻｜**封面設計** 倪旻鋒｜**插畫** 陳家瑋
內頁排版 唐大為｜**行銷企畫** 陳詩韻｜**校對** 魏秋綢｜**總編輯** 賴淑玲｜**社長** 郭重興
發行人兼出版總監｜曾大福｜**出版者** 大家出版｜**發行** 遠足文化事業股份有限公司
231 新北市新店區民權路108-2號9樓 電話 (02)2218-1417 傳真 (02)8667-1851
劃撥帳號 19504465 戶名 遠足文化事業有限公司｜**印製** 成陽印刷股份有限公司
電話(02)2265-1491｜**法律顧問** 華洋國際專利商標事務所 蘇文生律師｜**定價** 360元
初版一刷 2018年4月｜